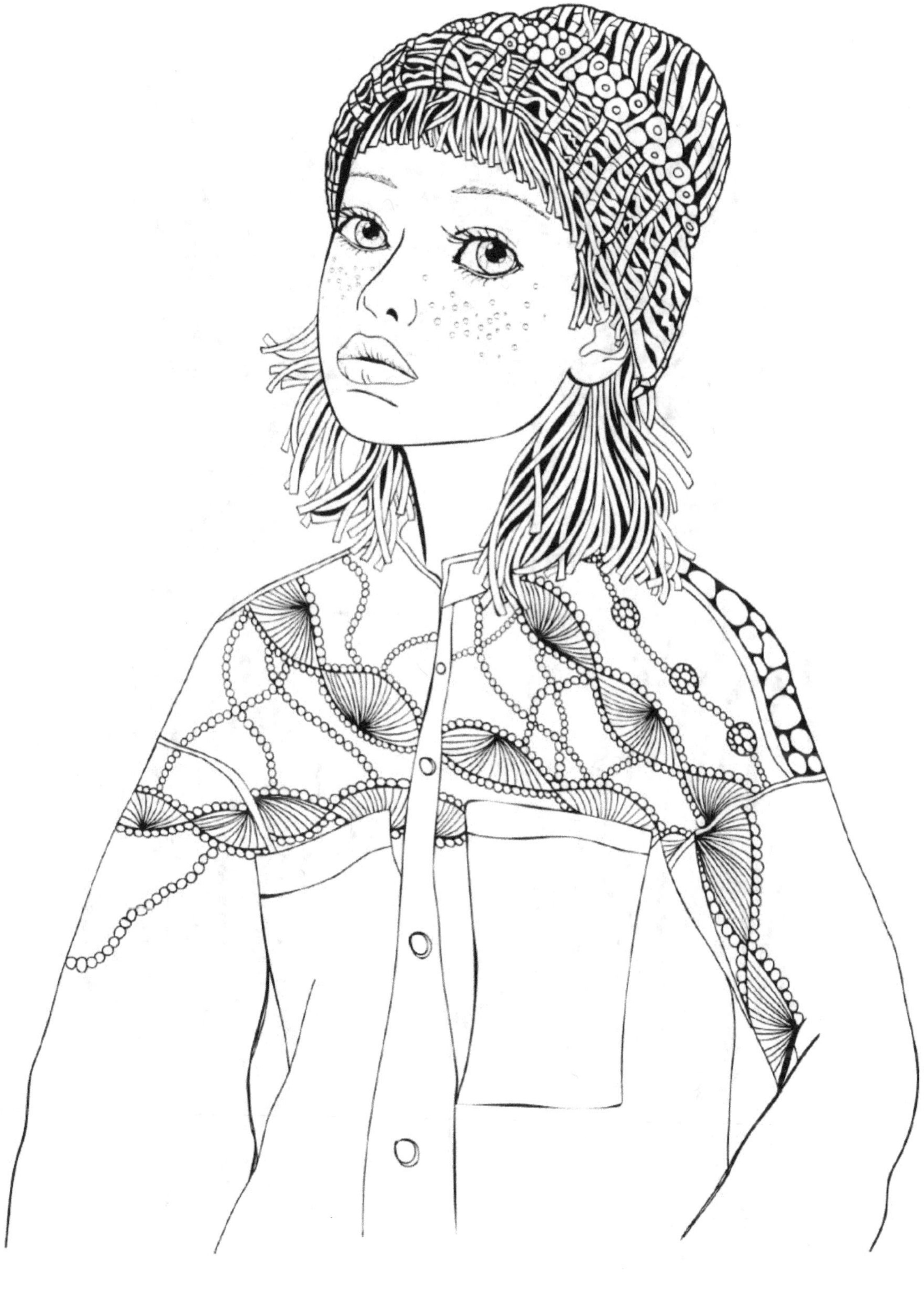

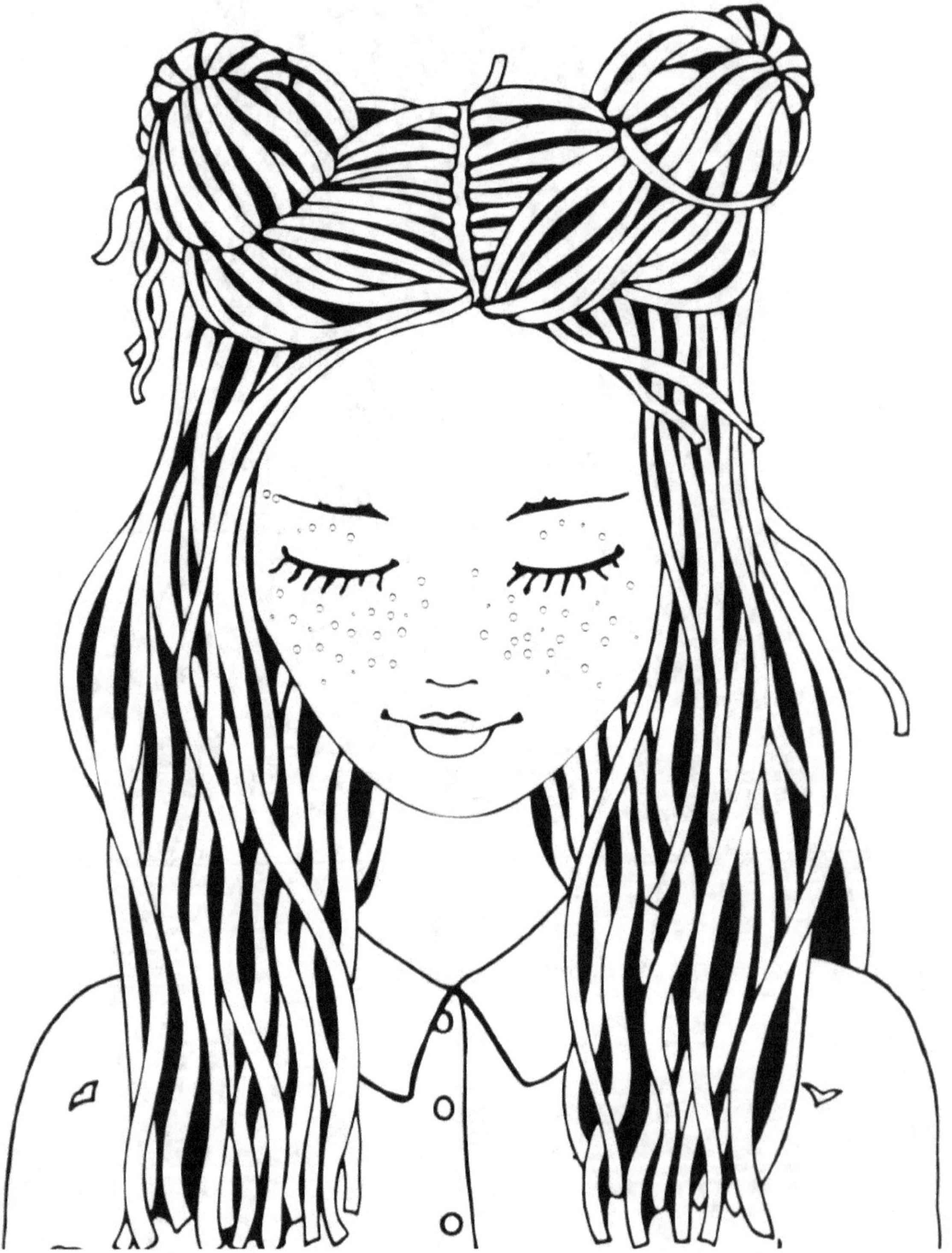

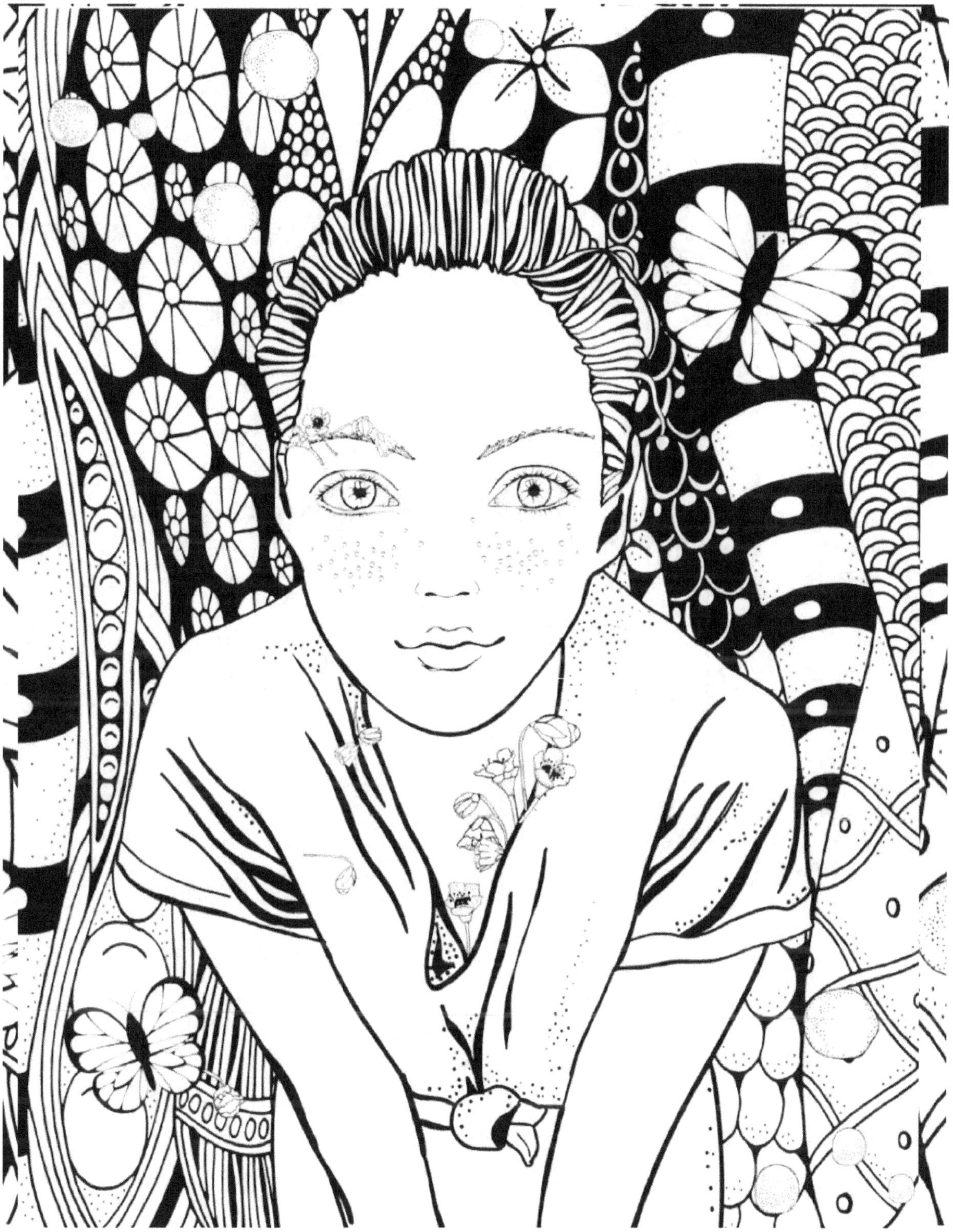

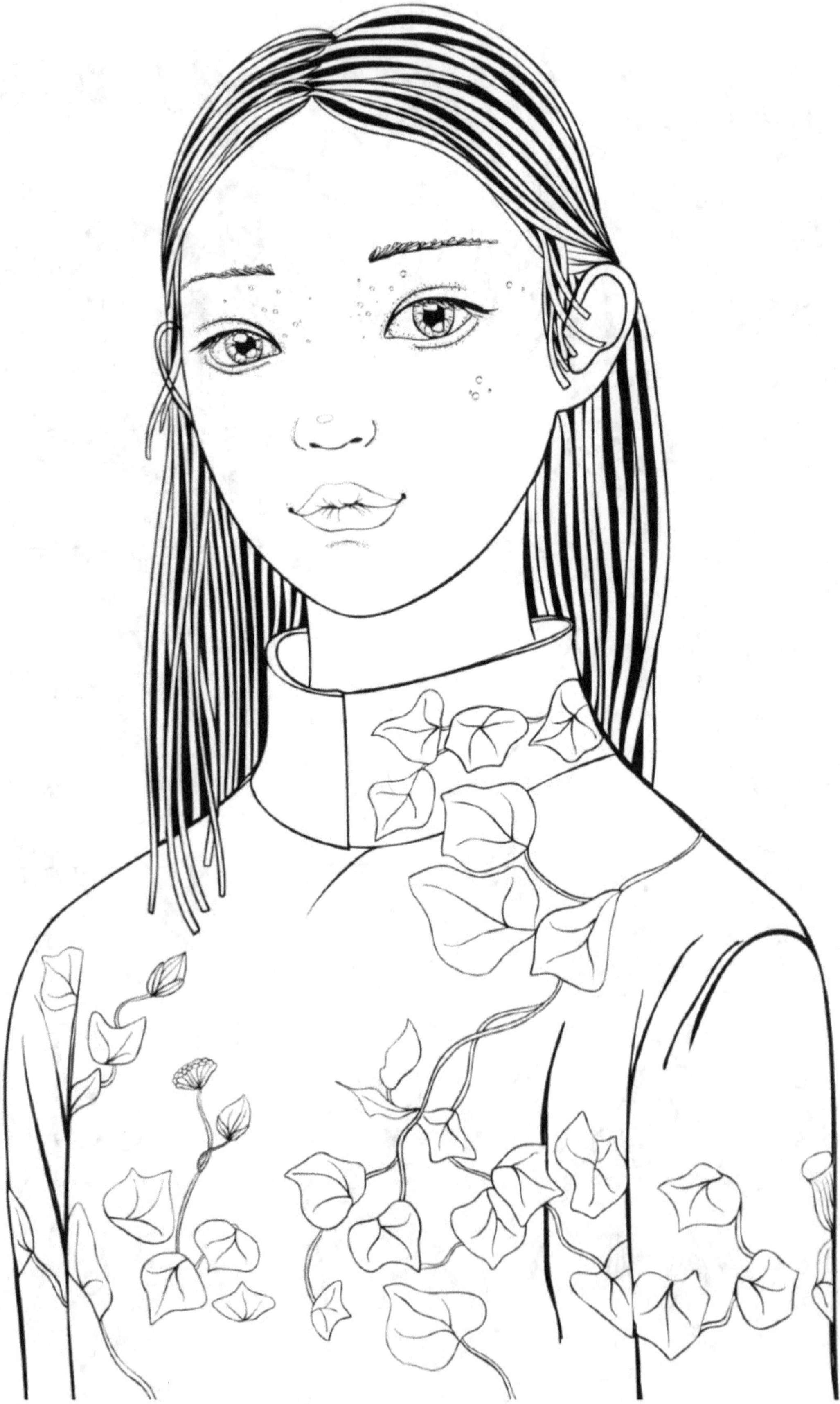

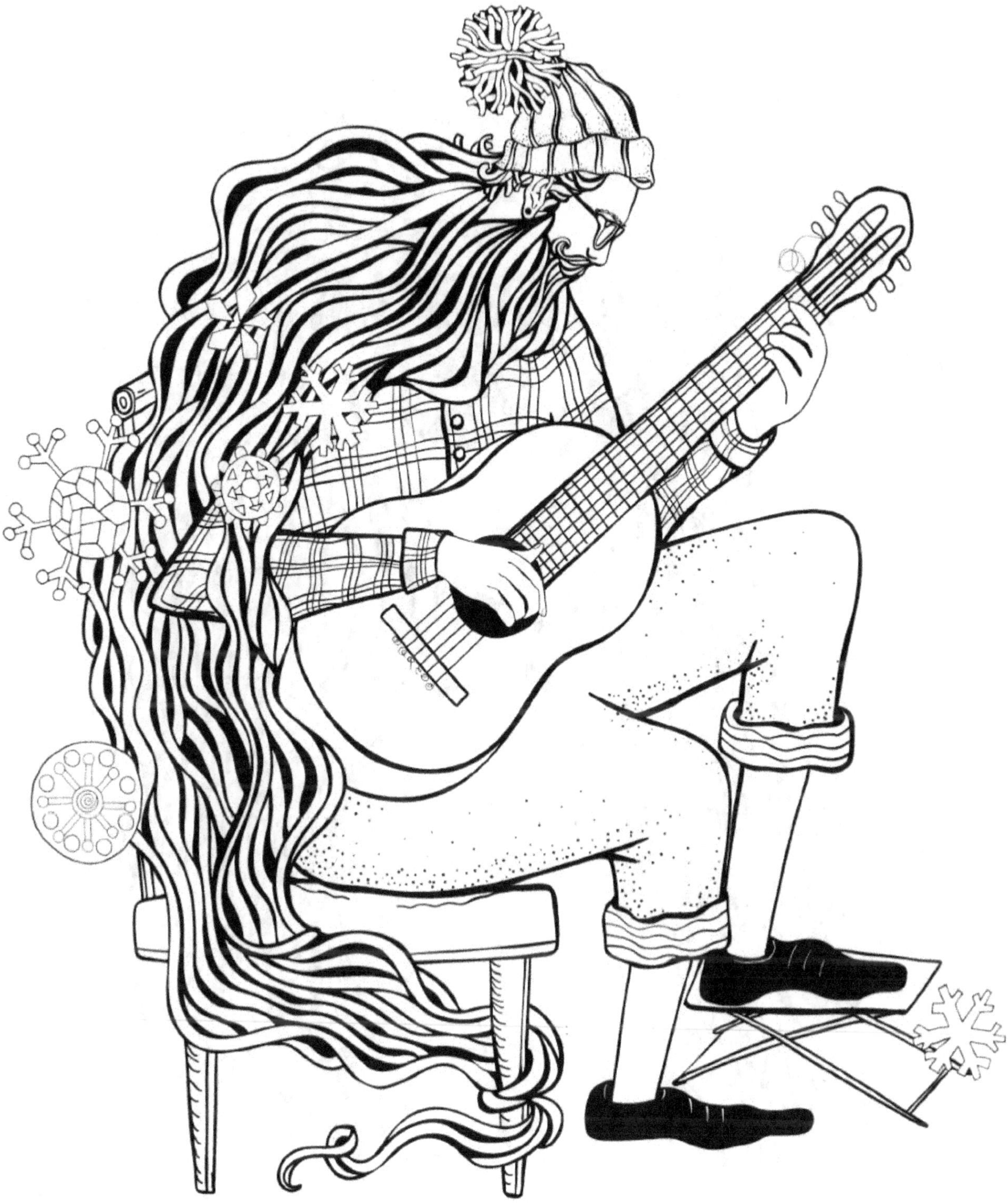

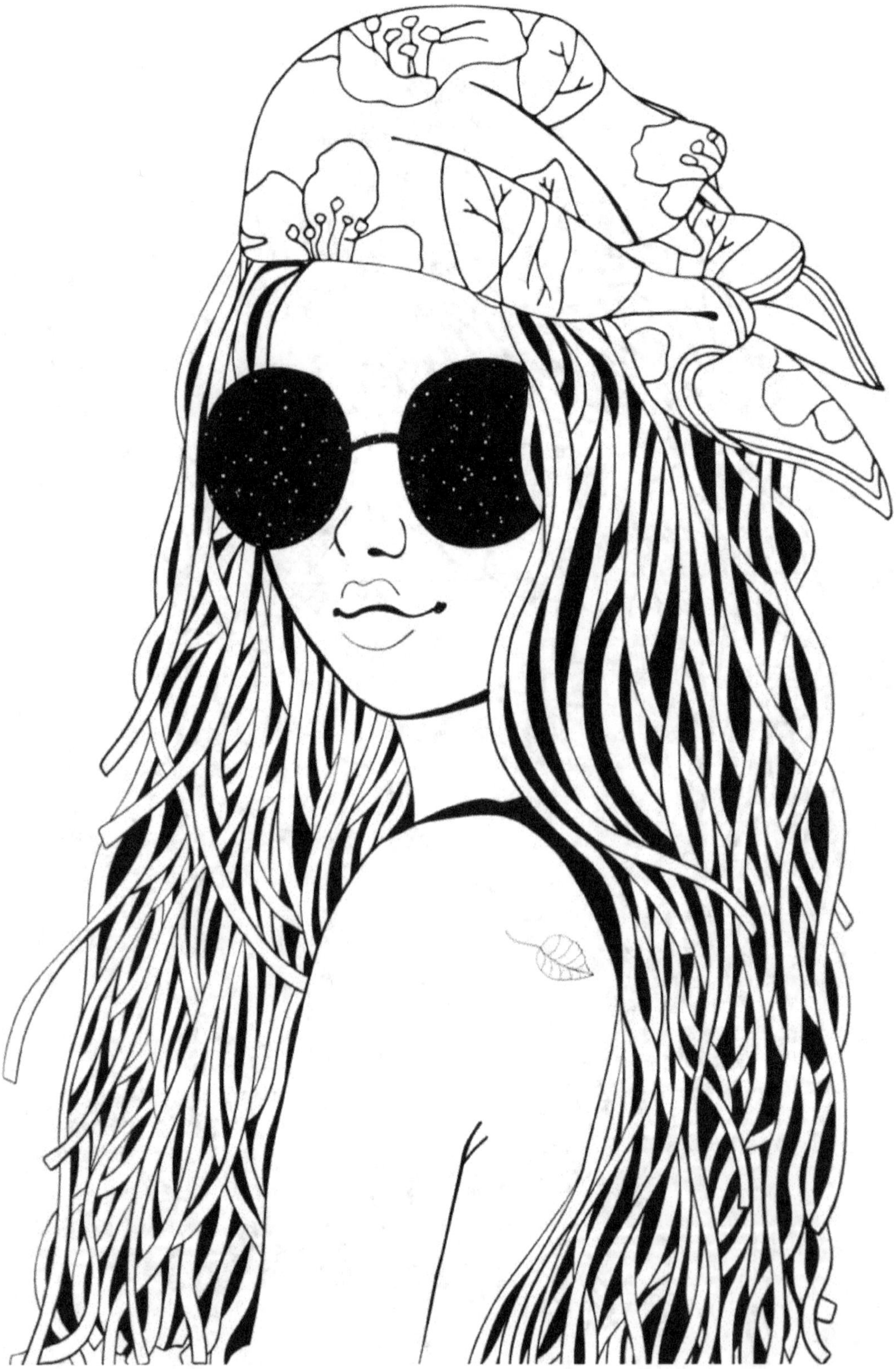

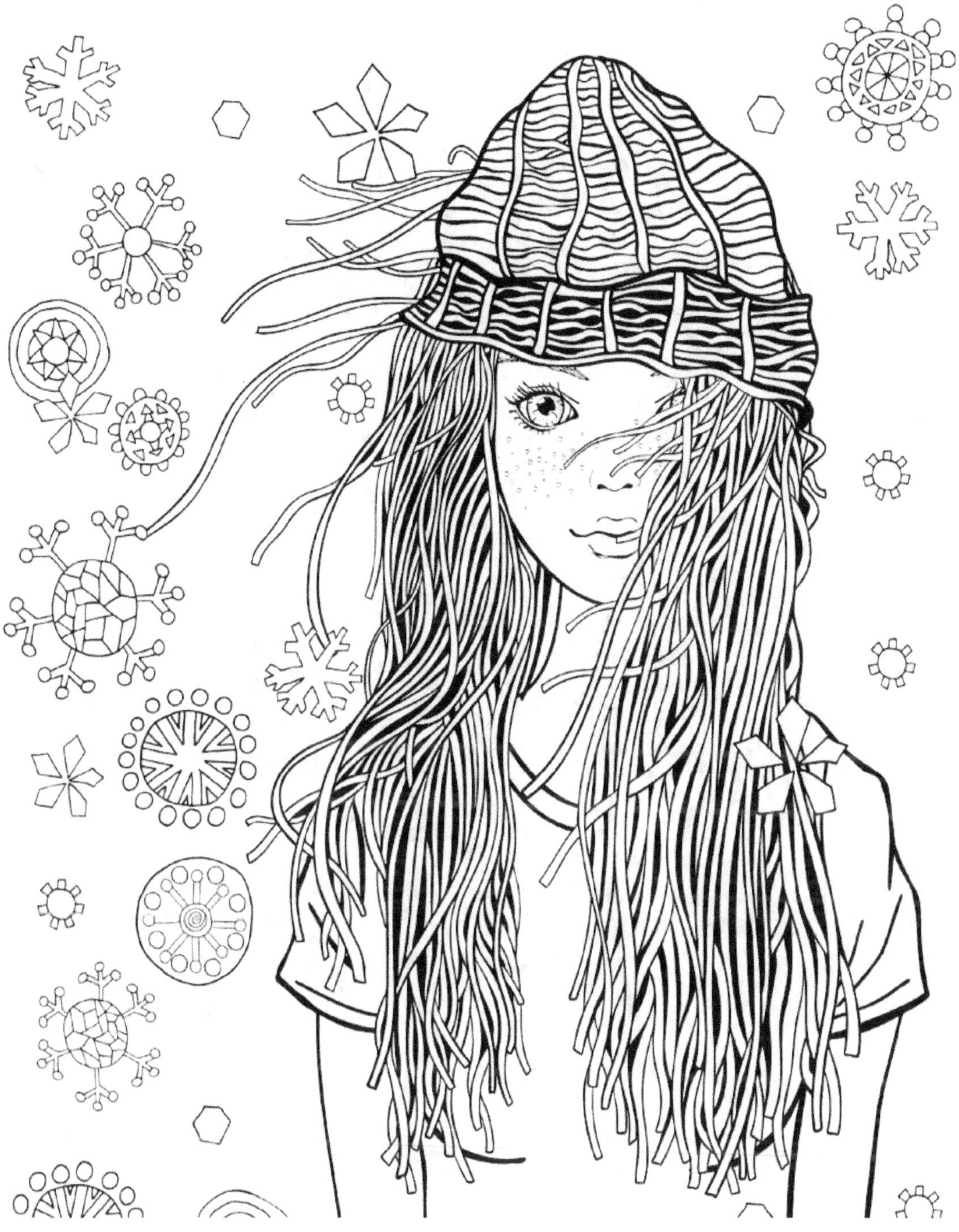

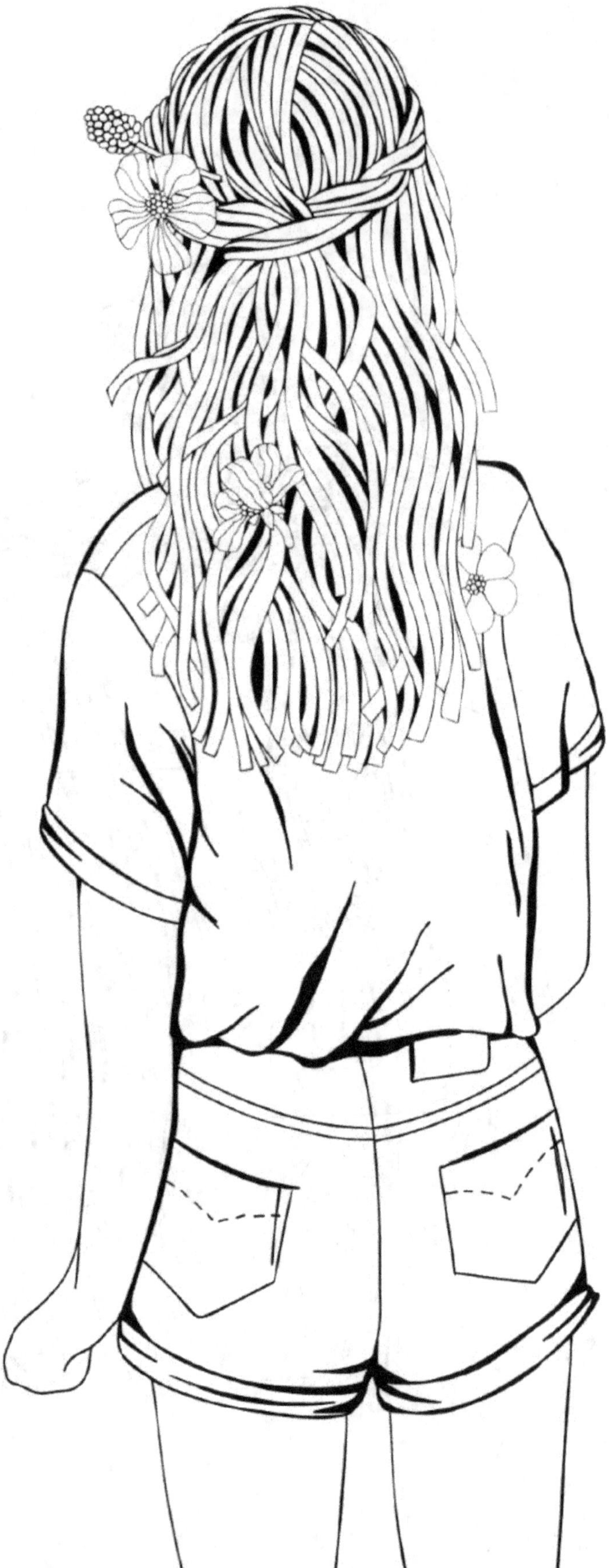

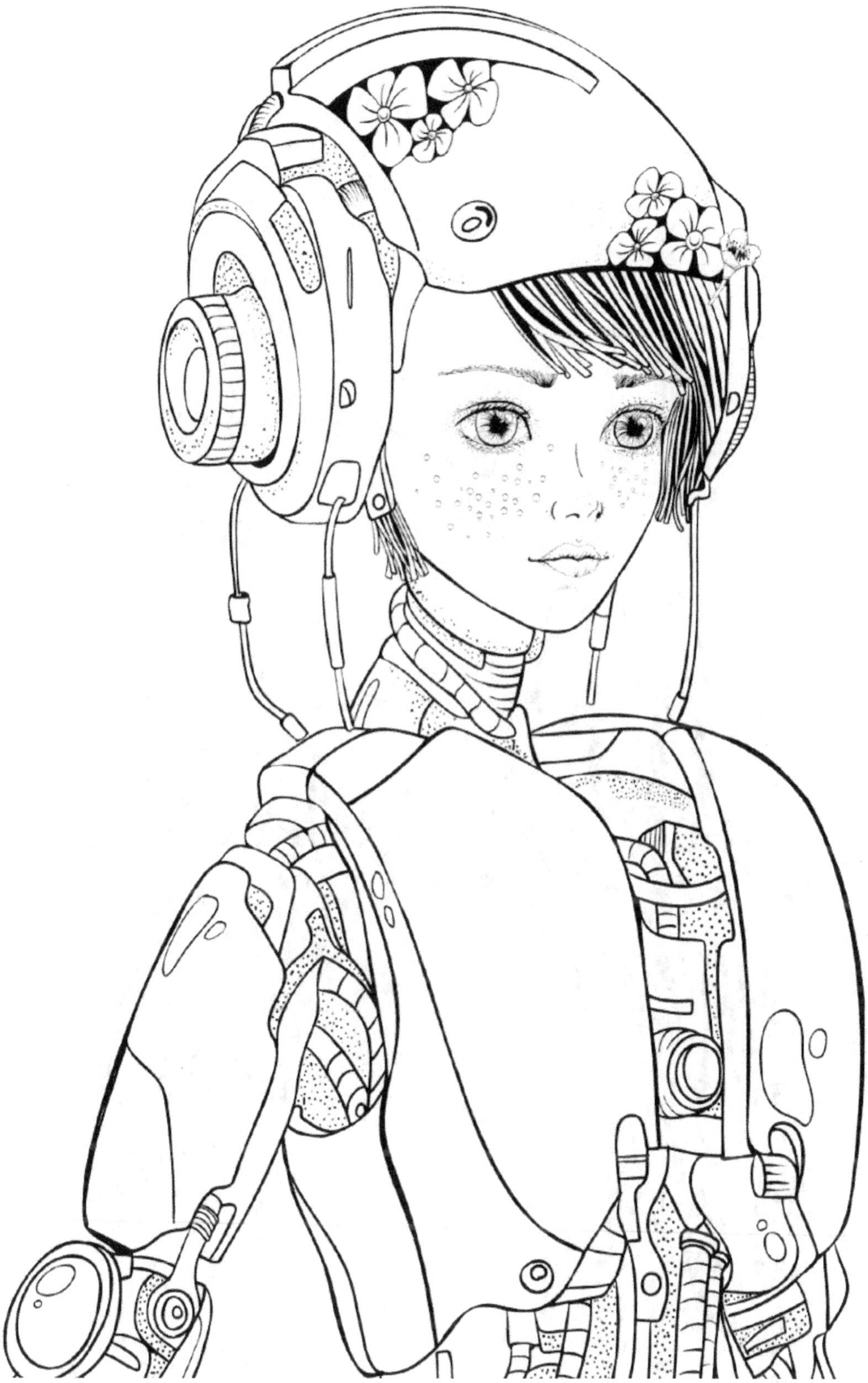

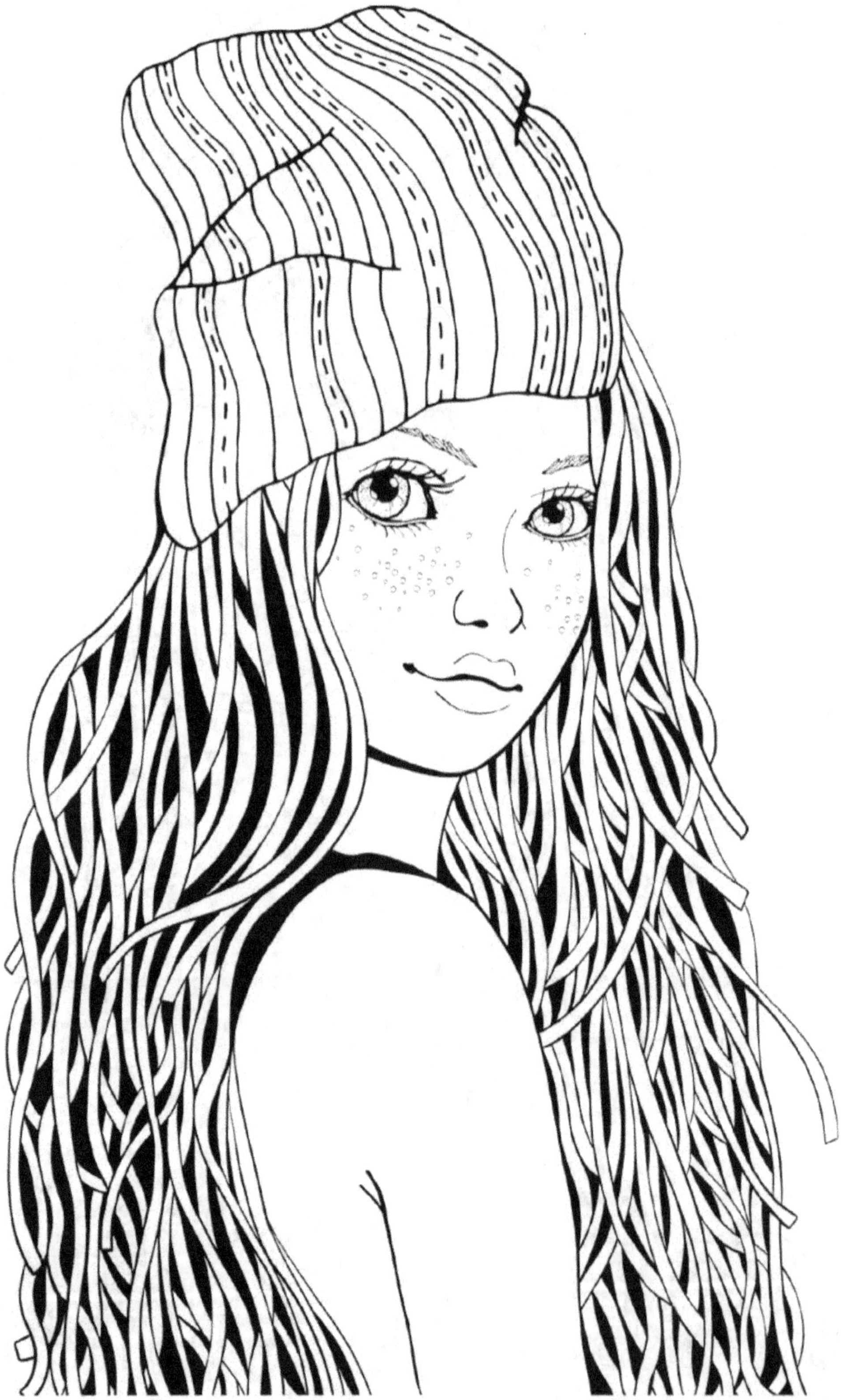

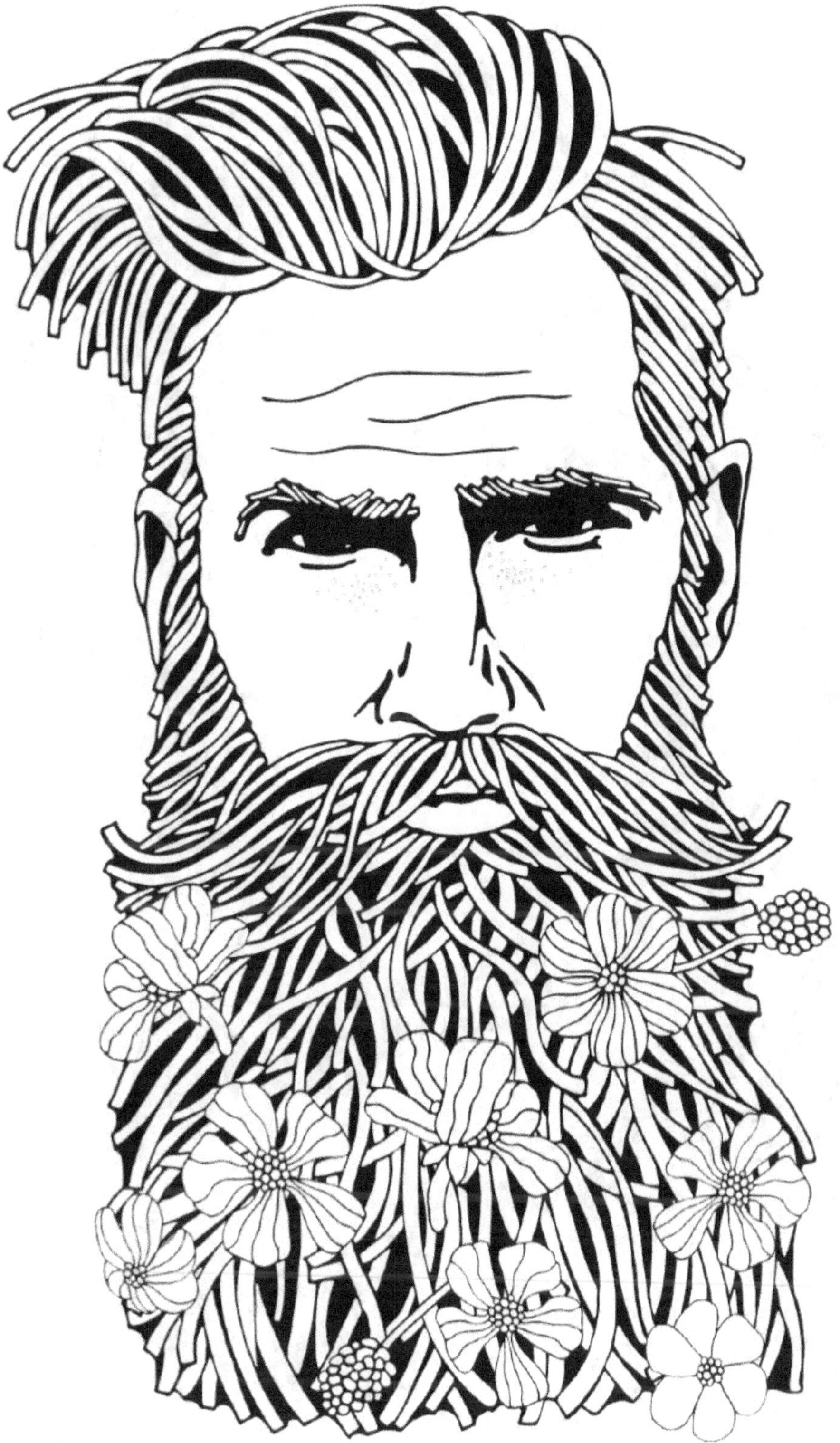

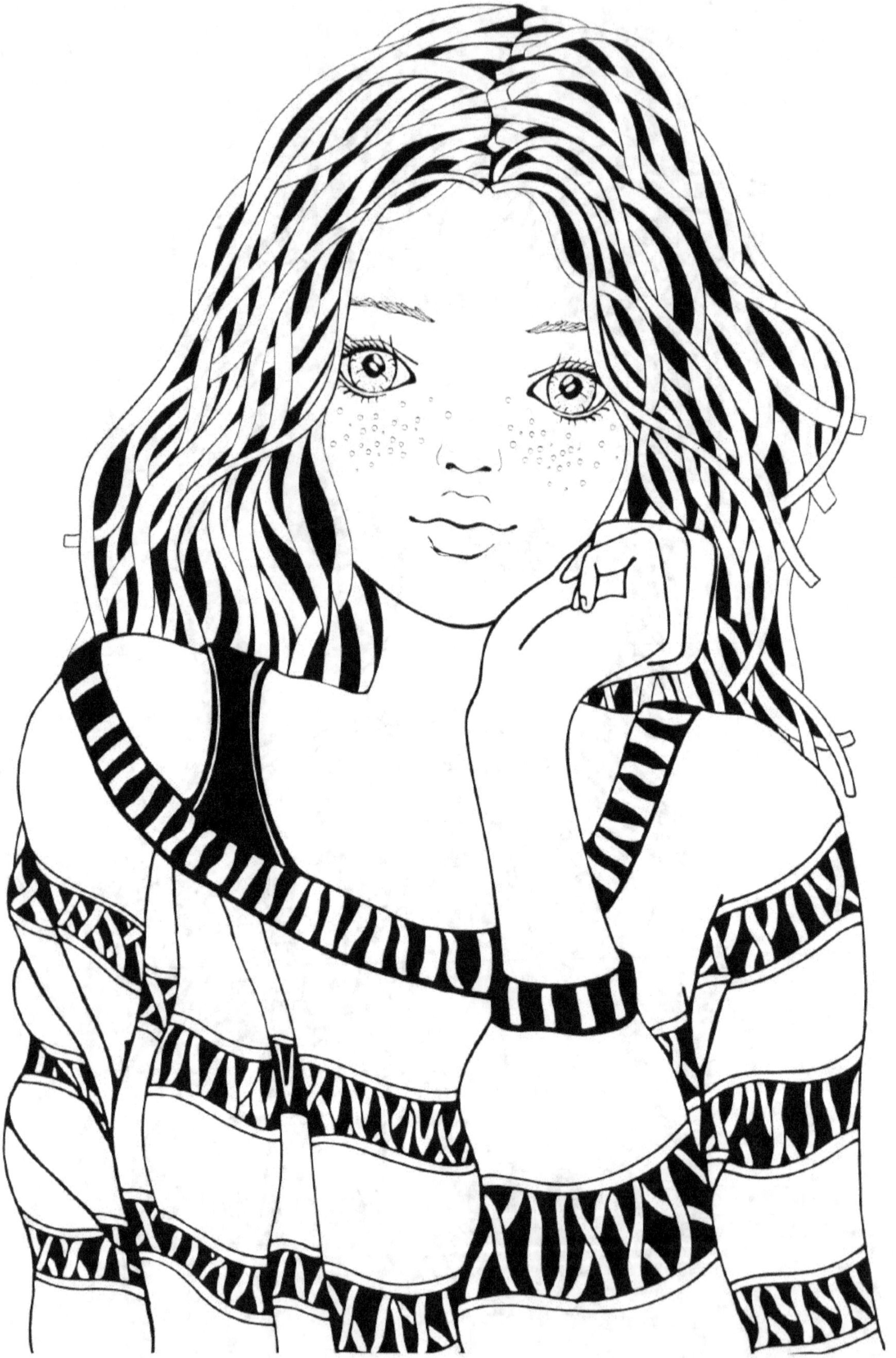

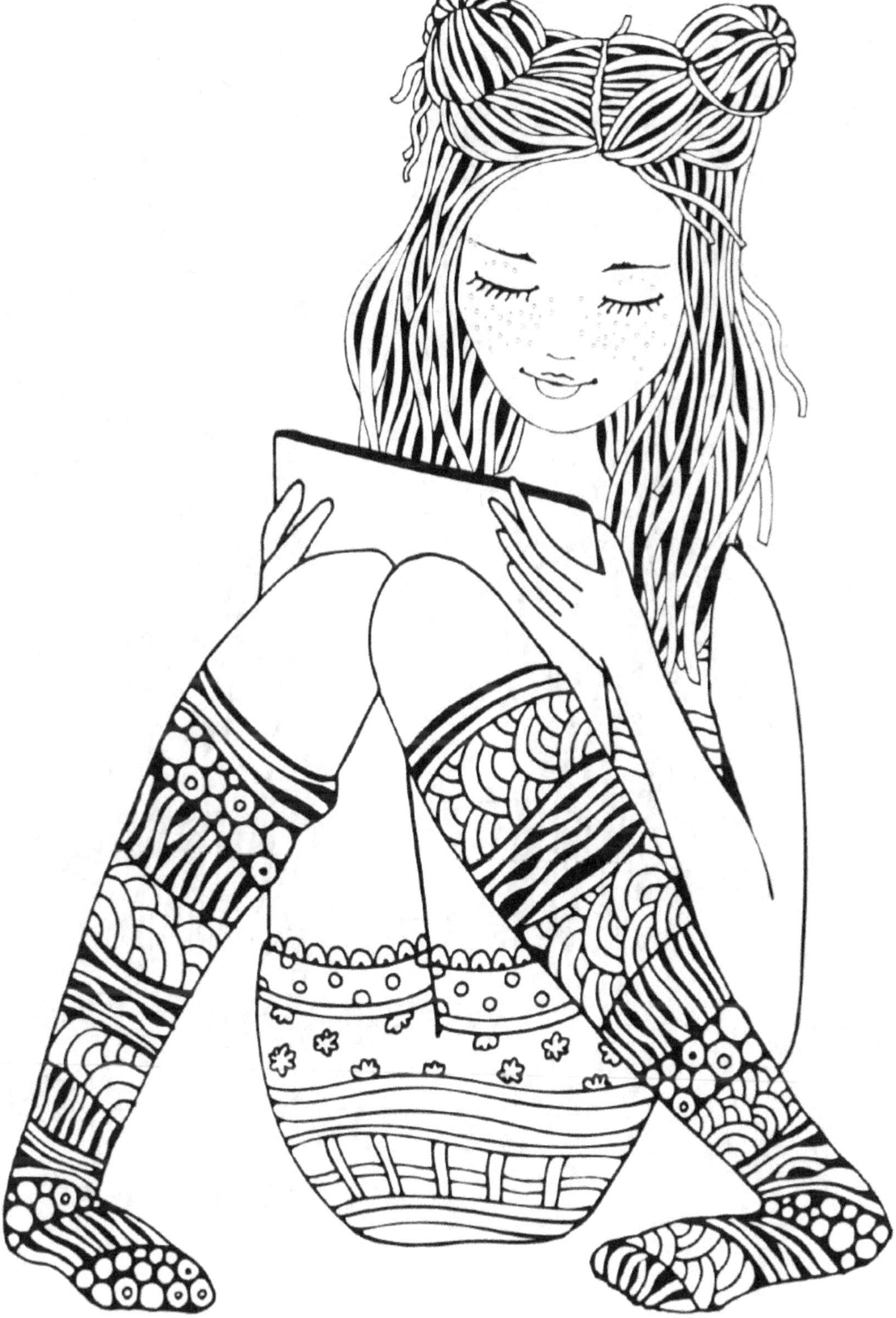

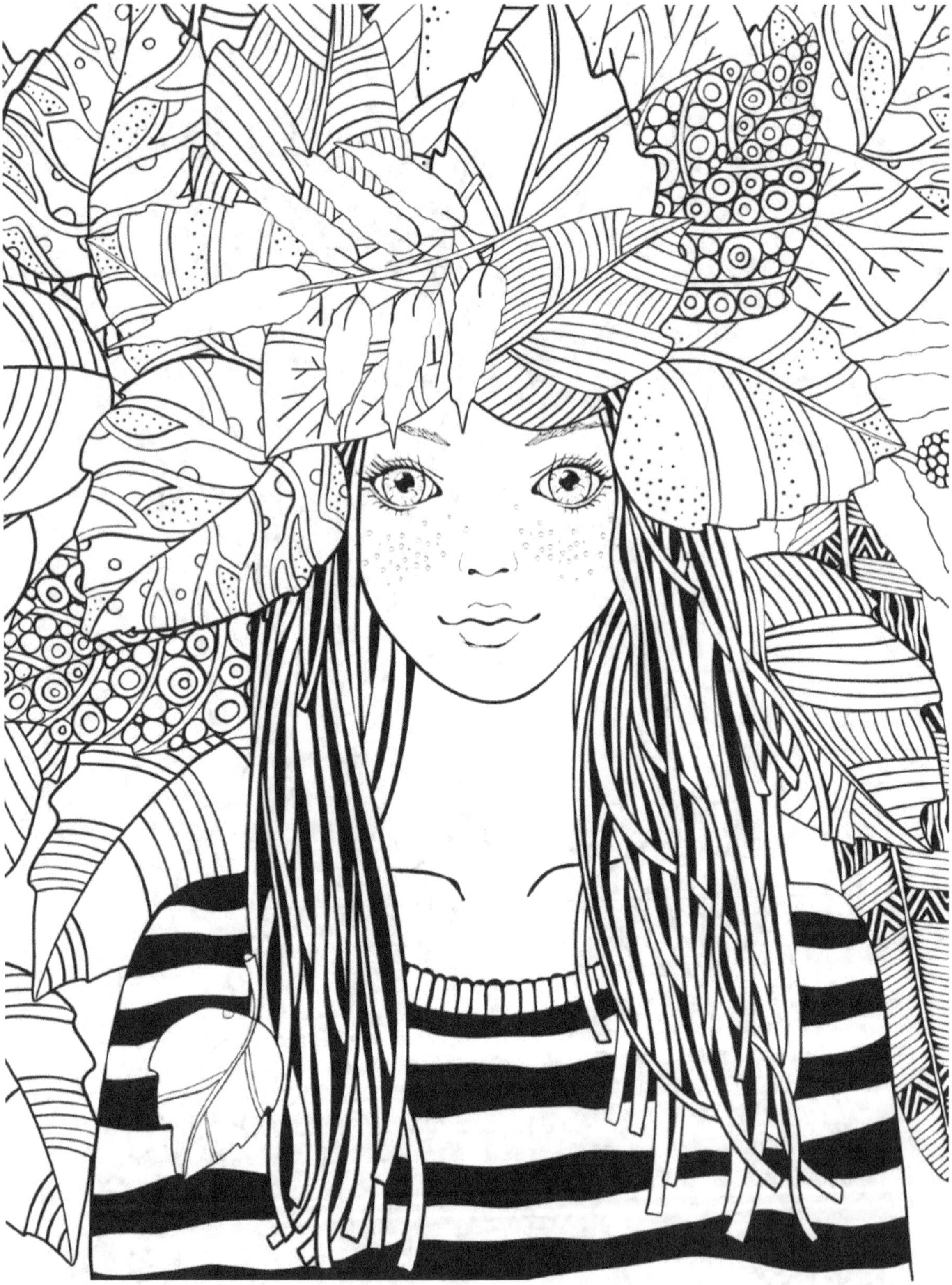

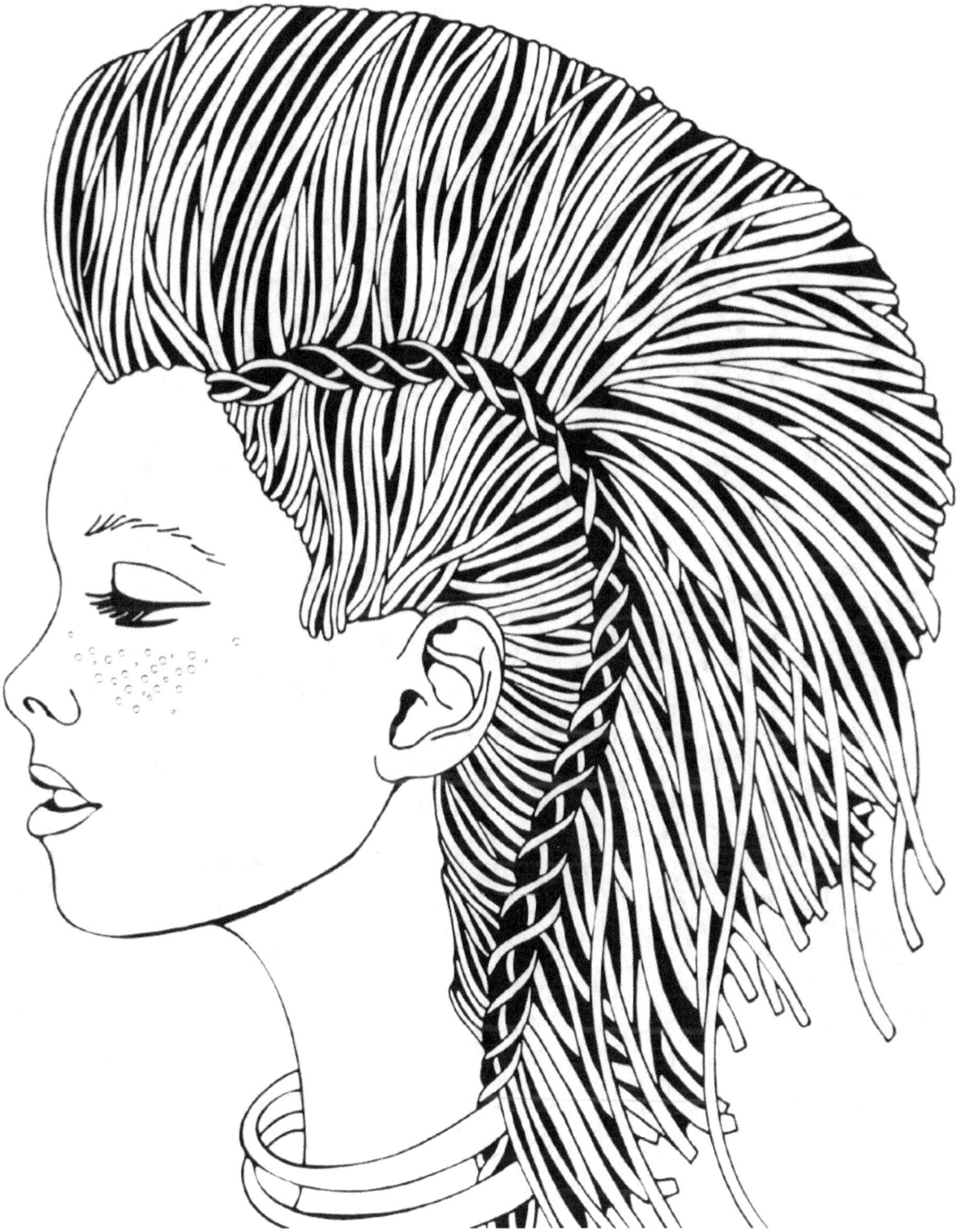

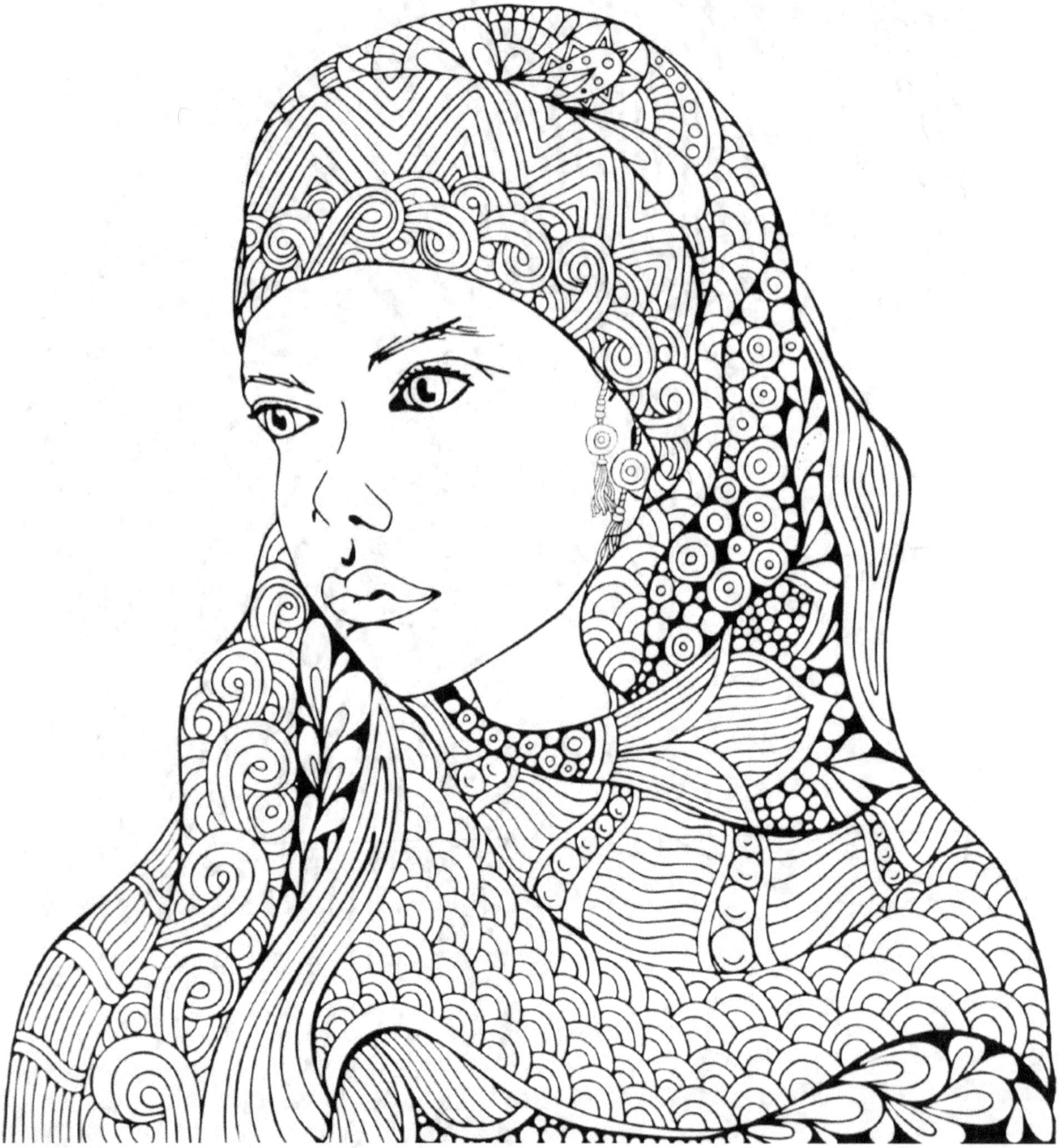

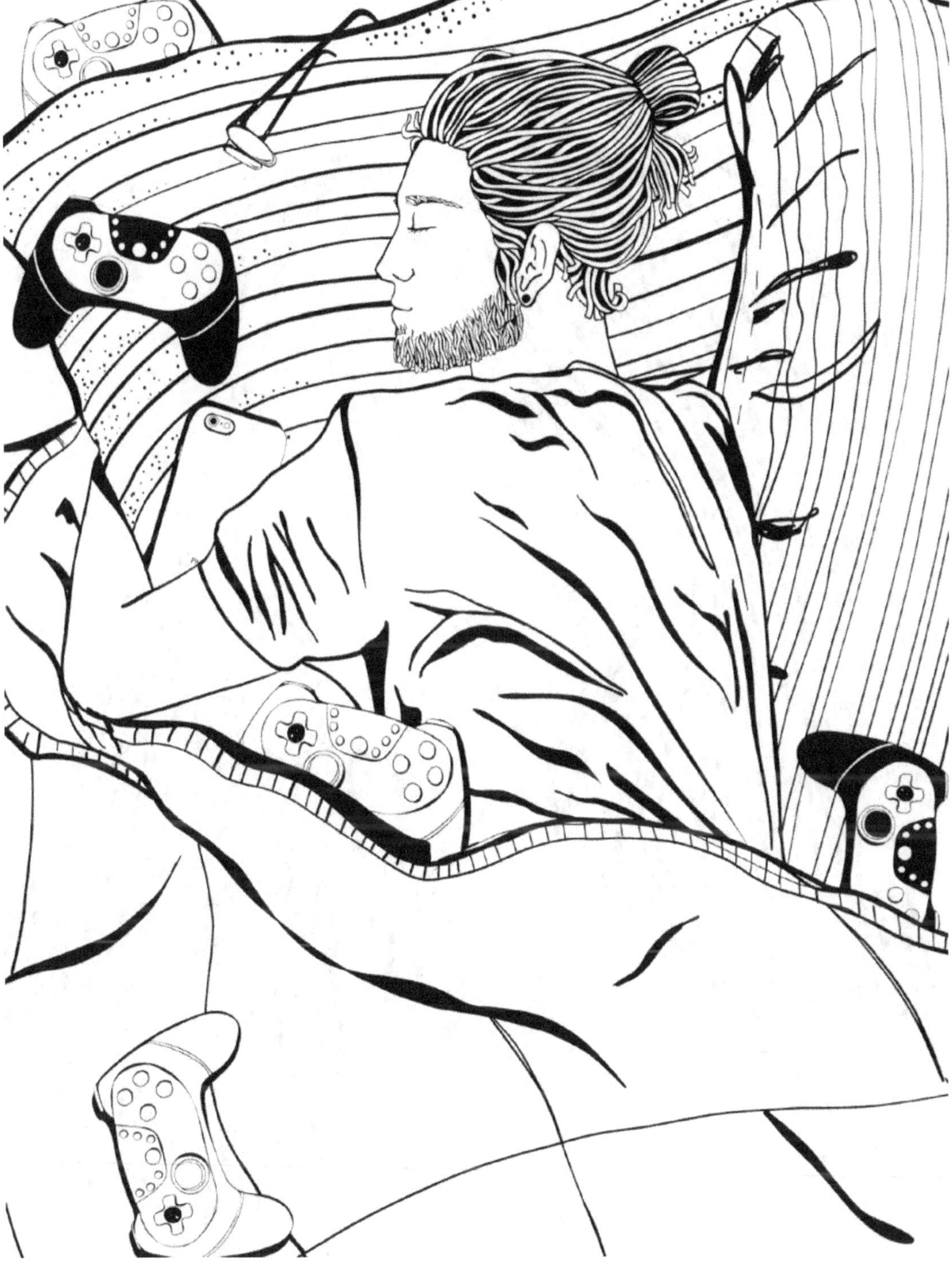

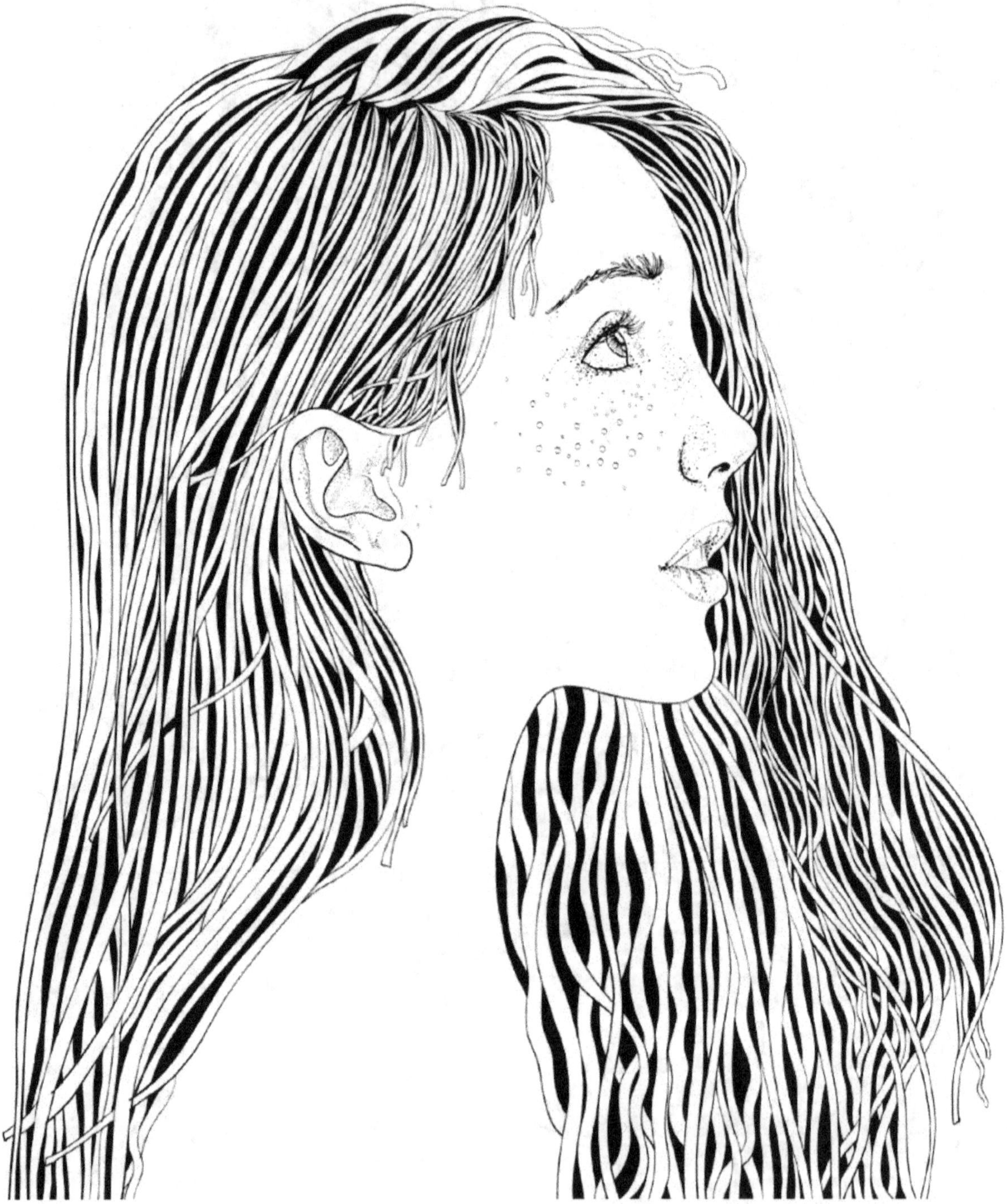

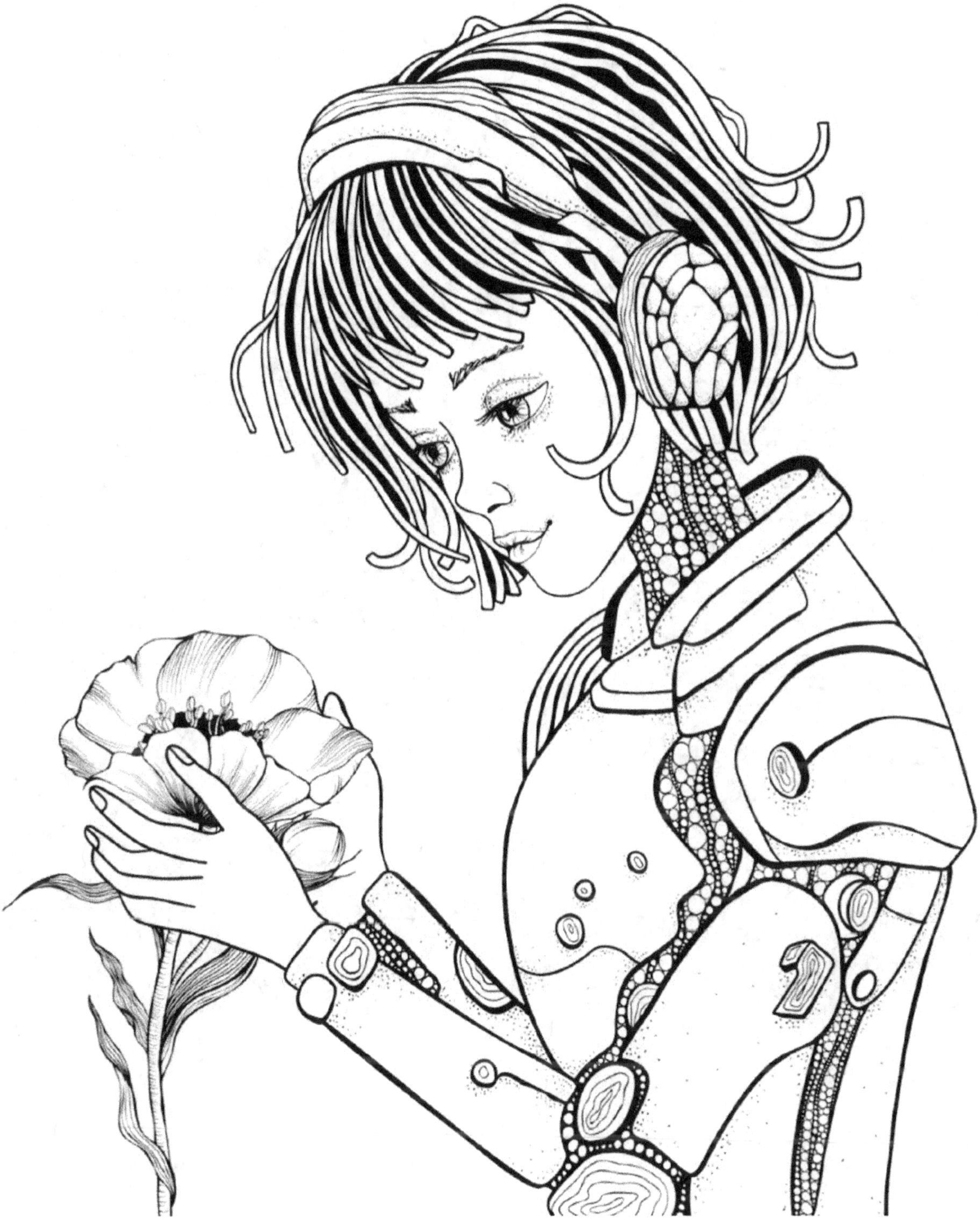

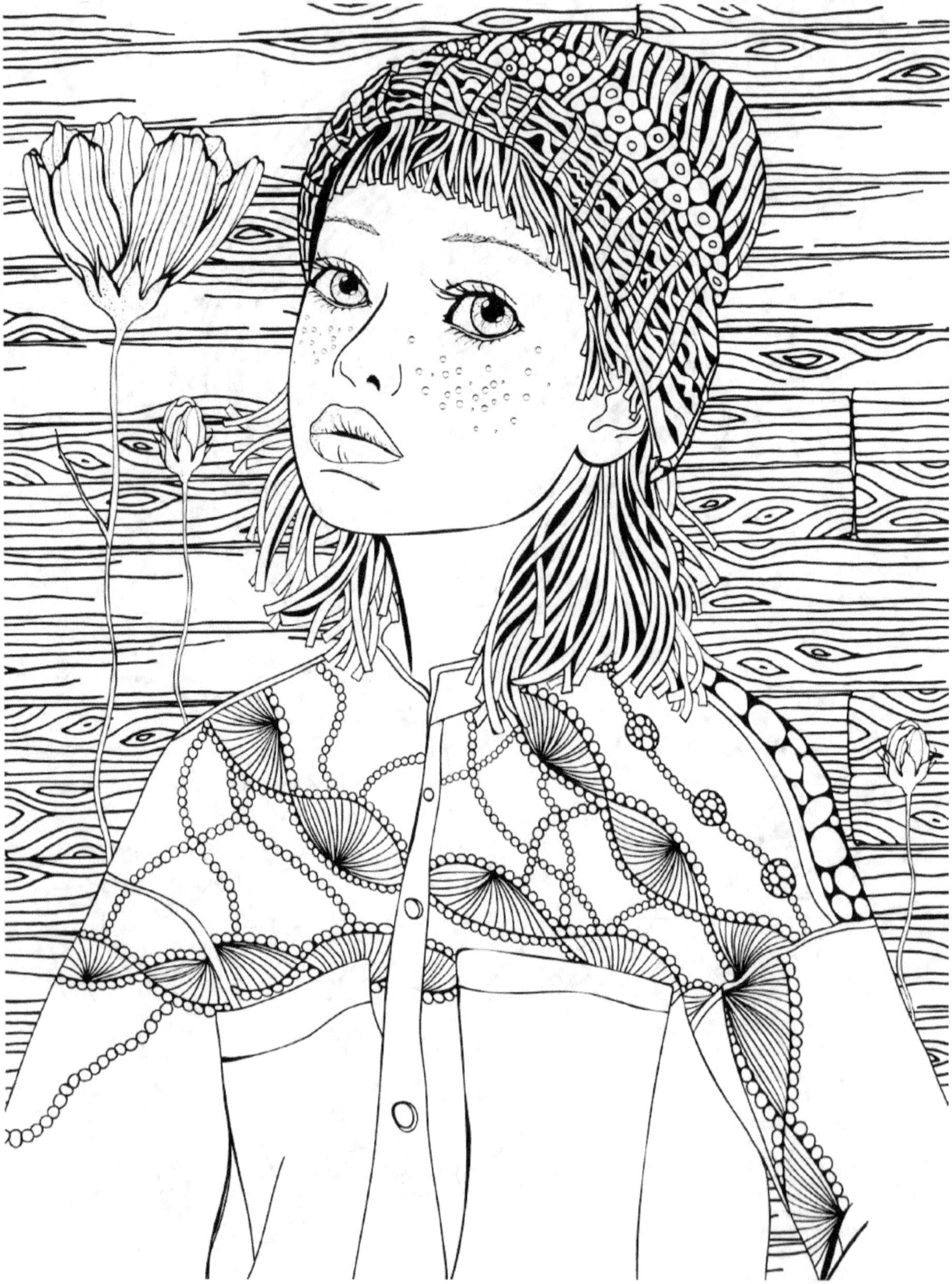

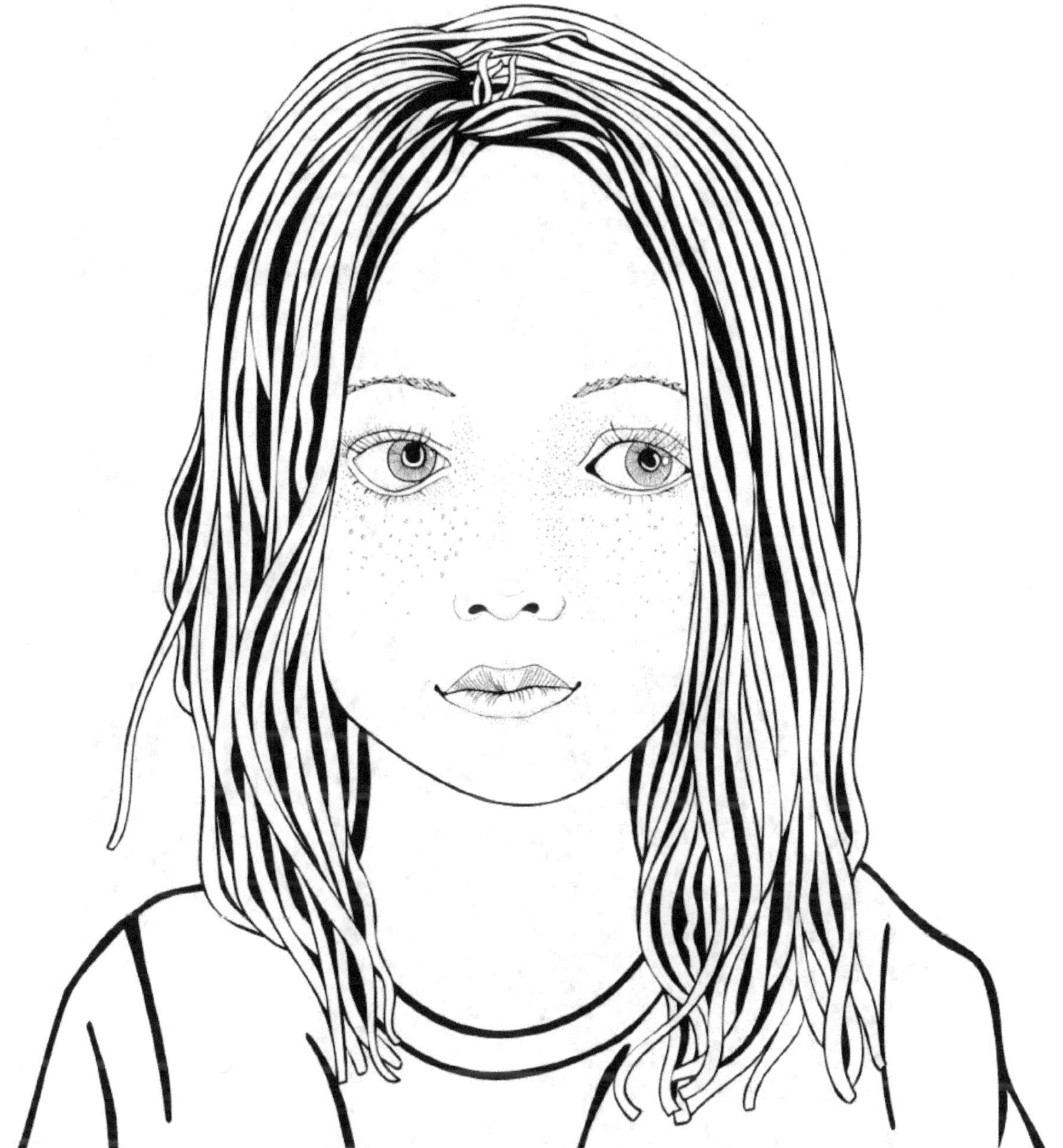

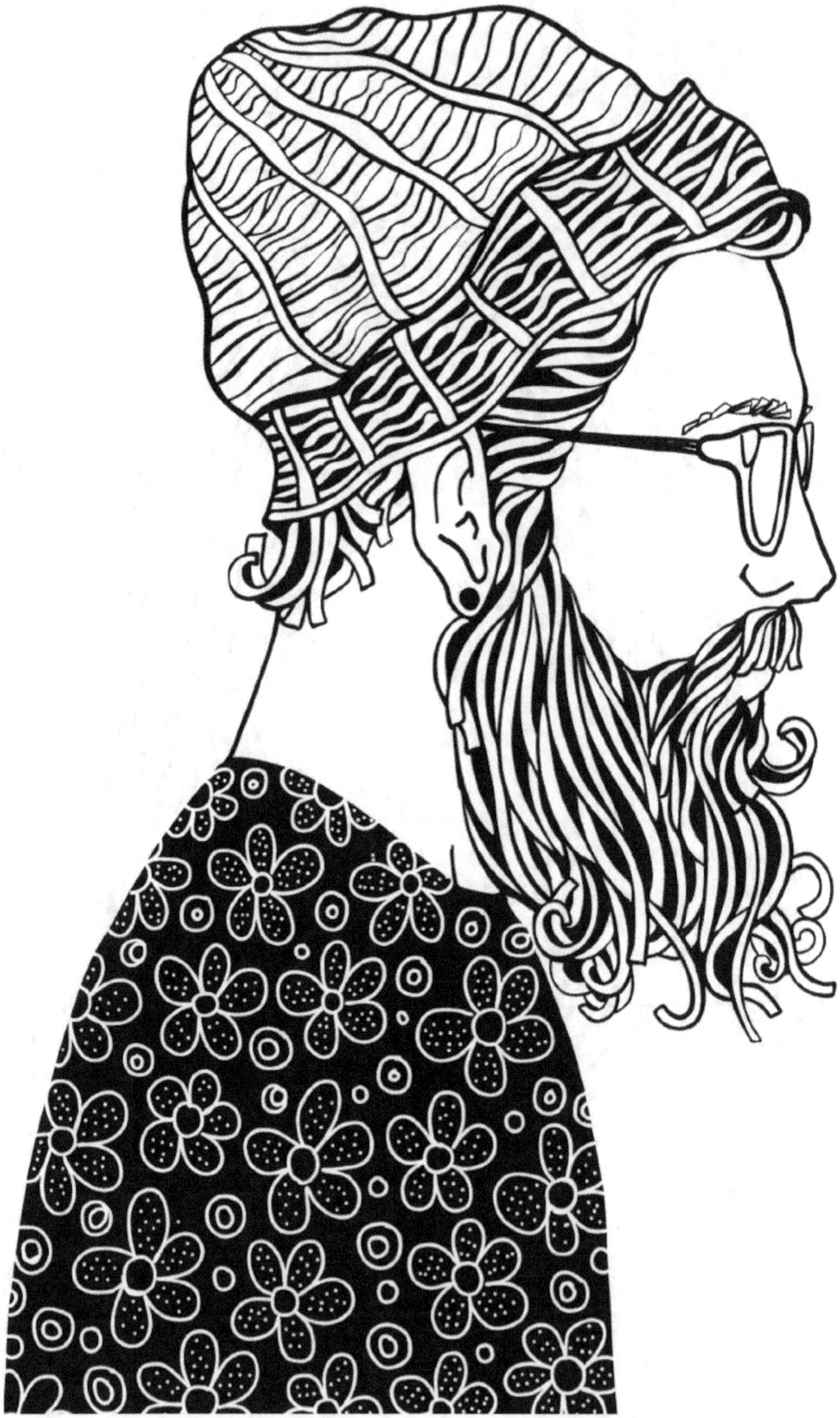

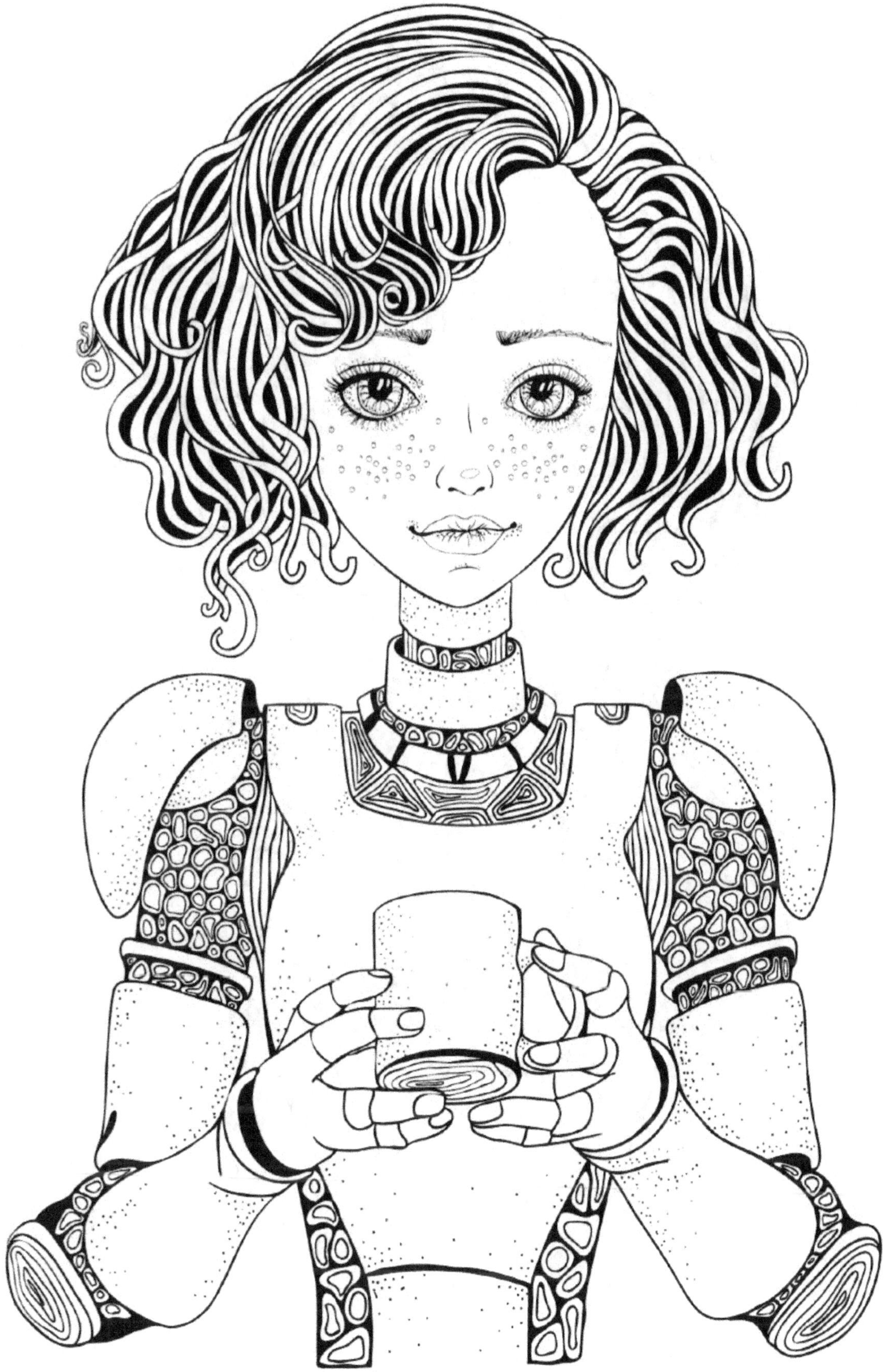

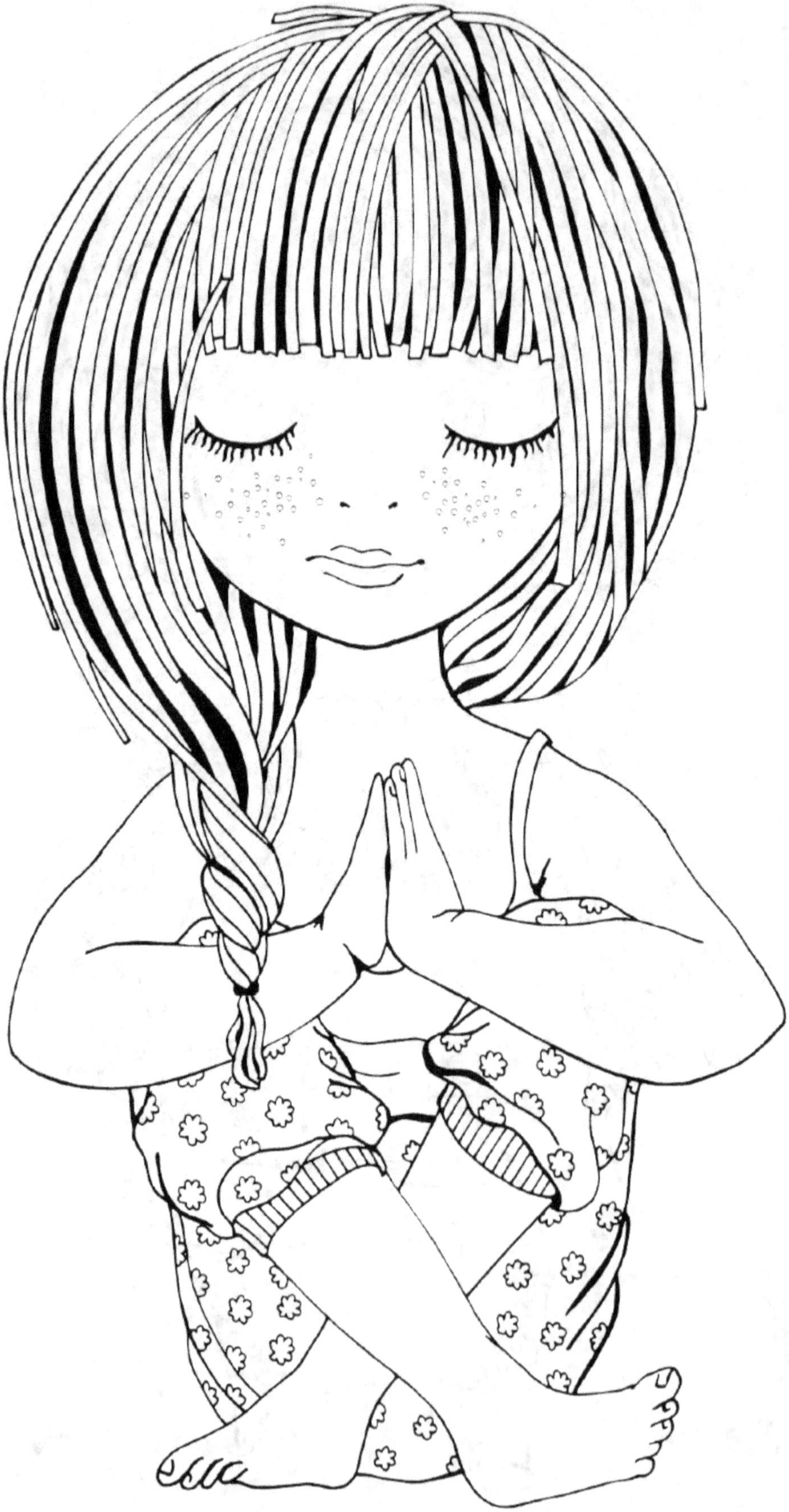

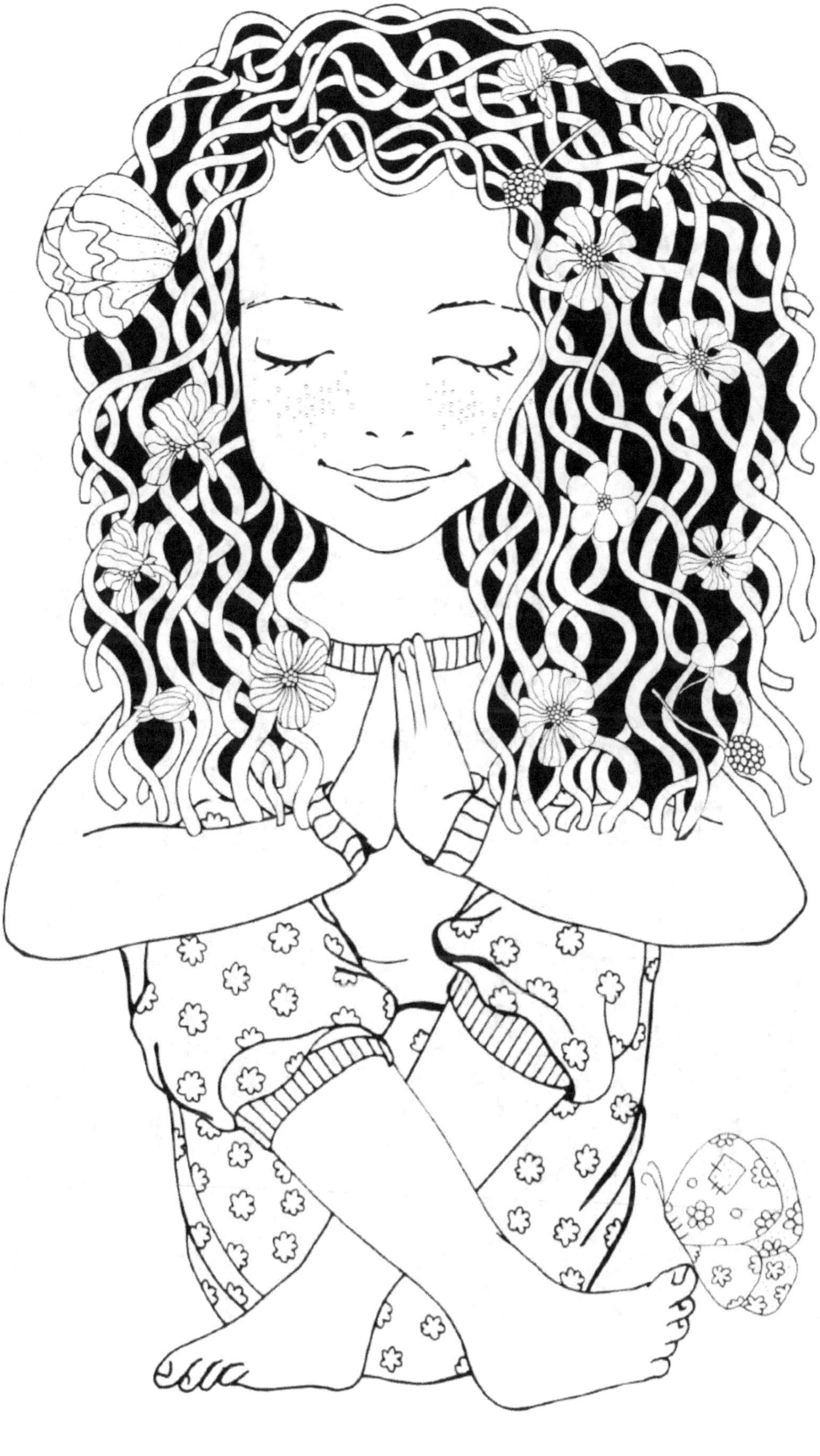

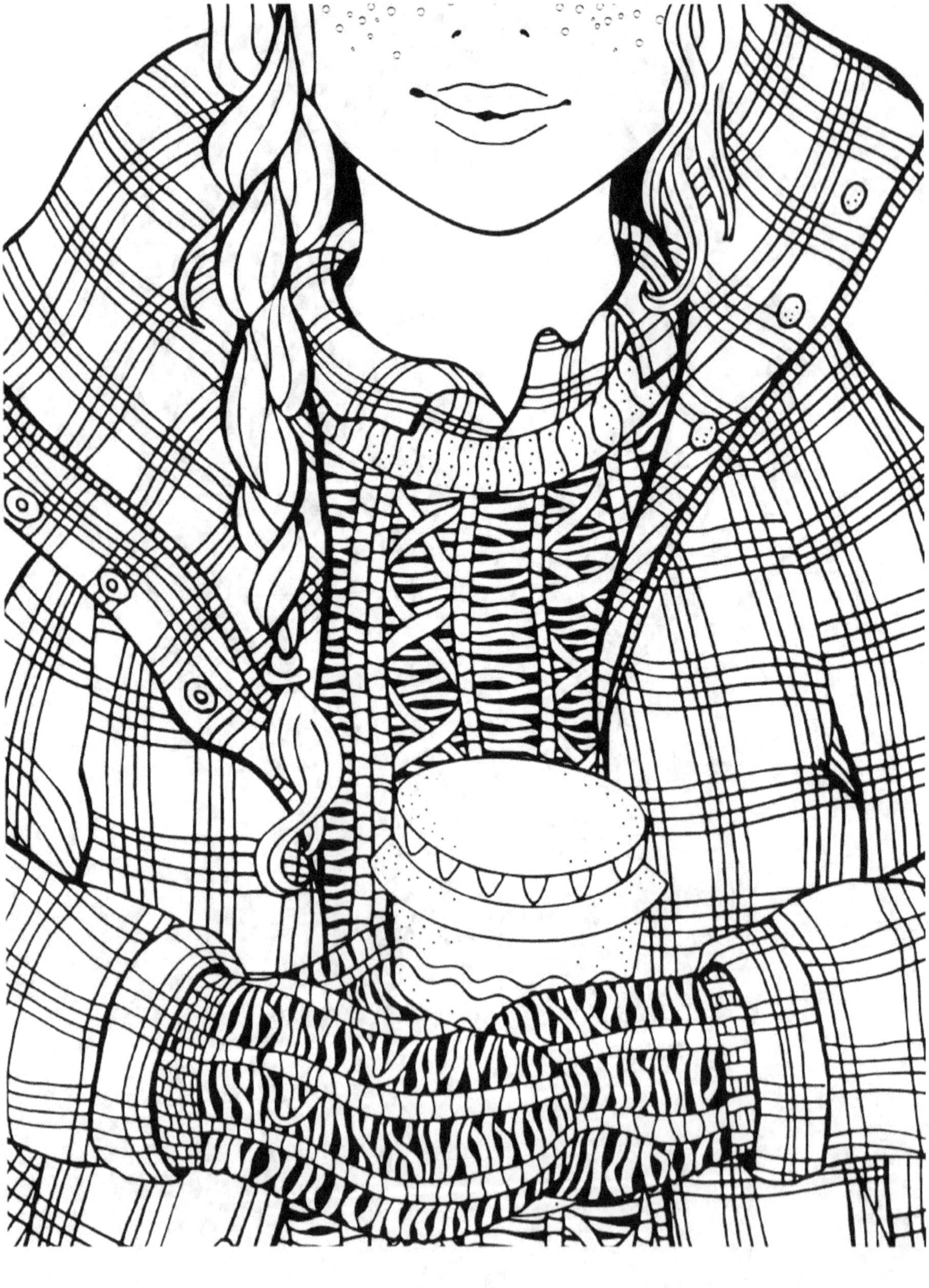

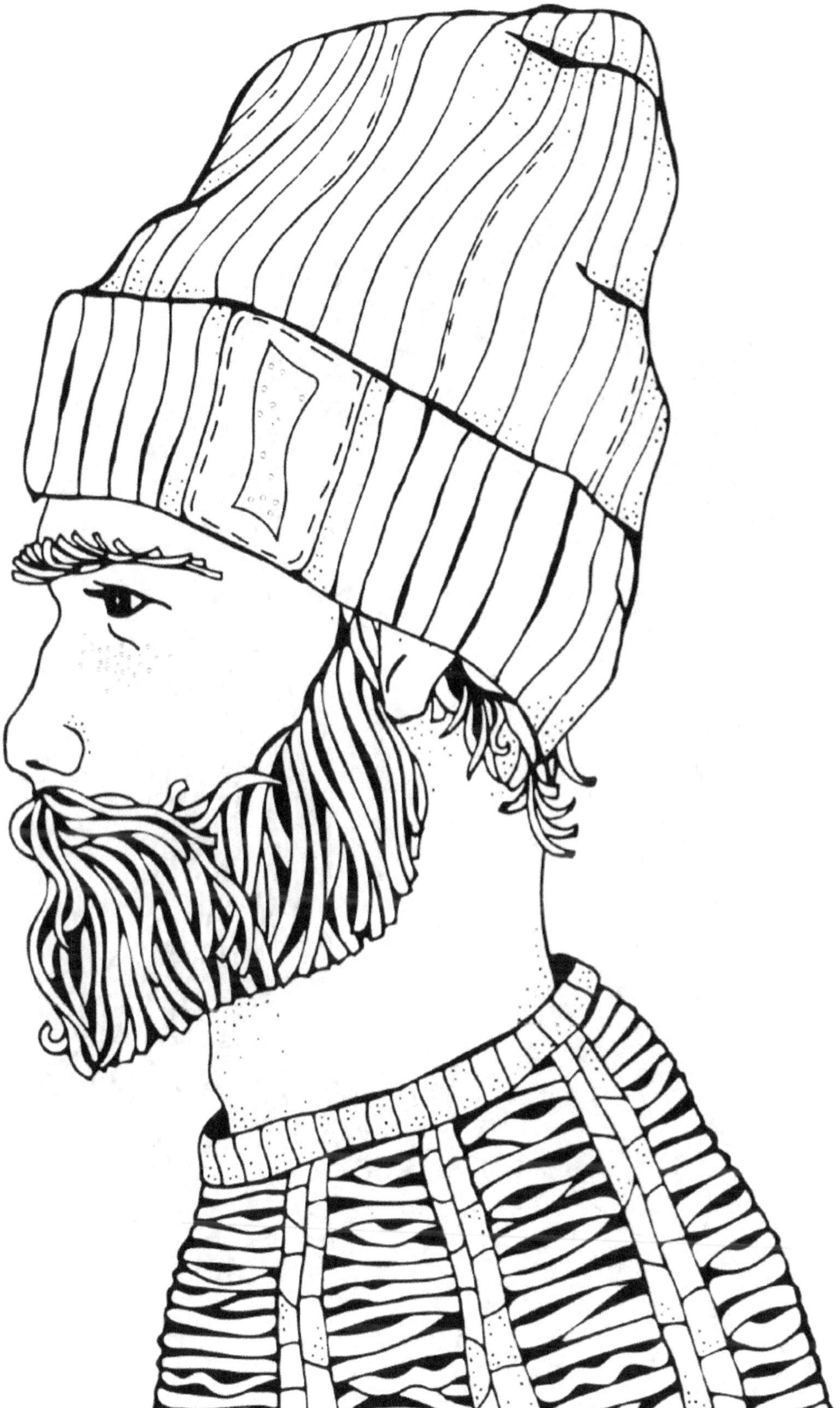

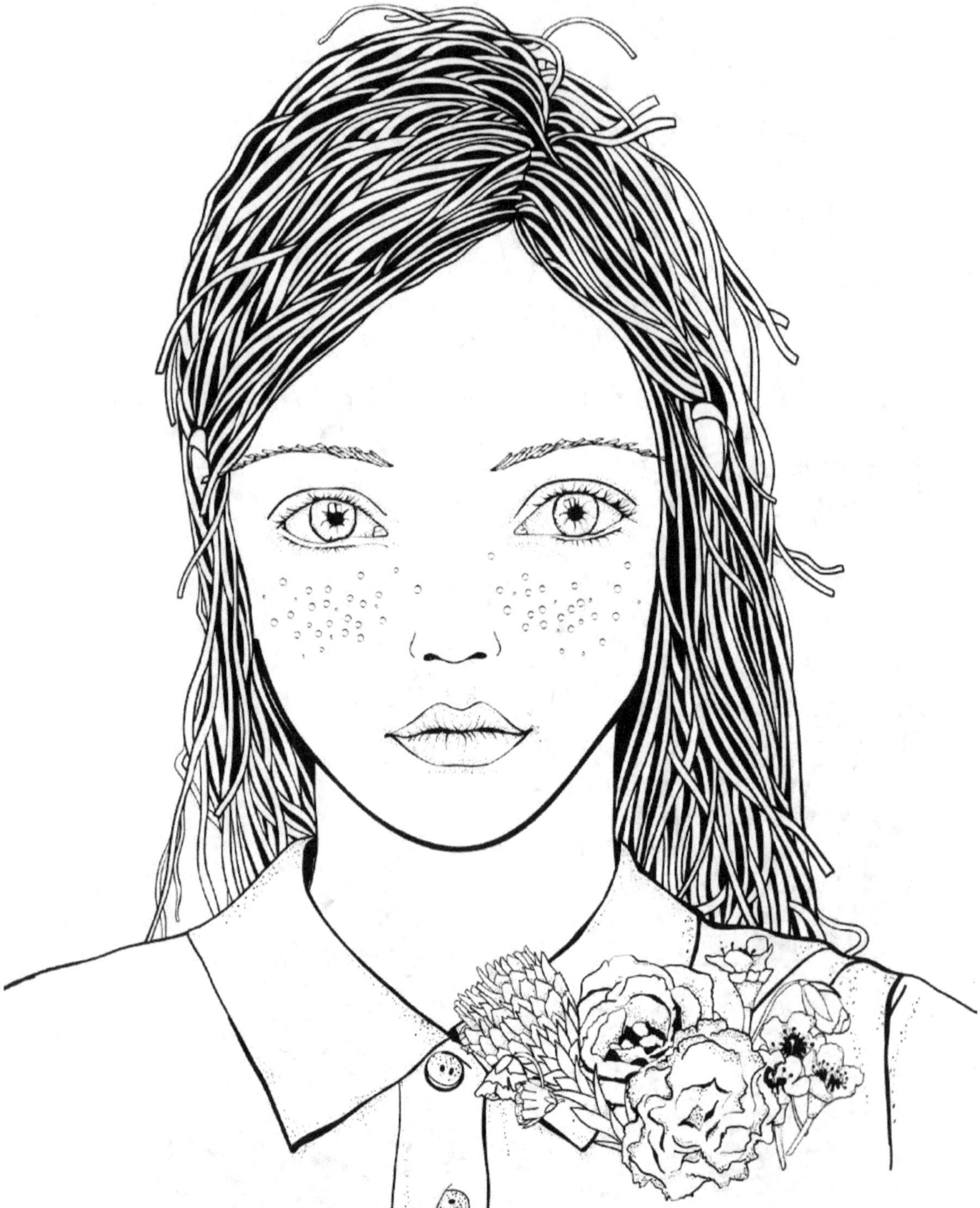

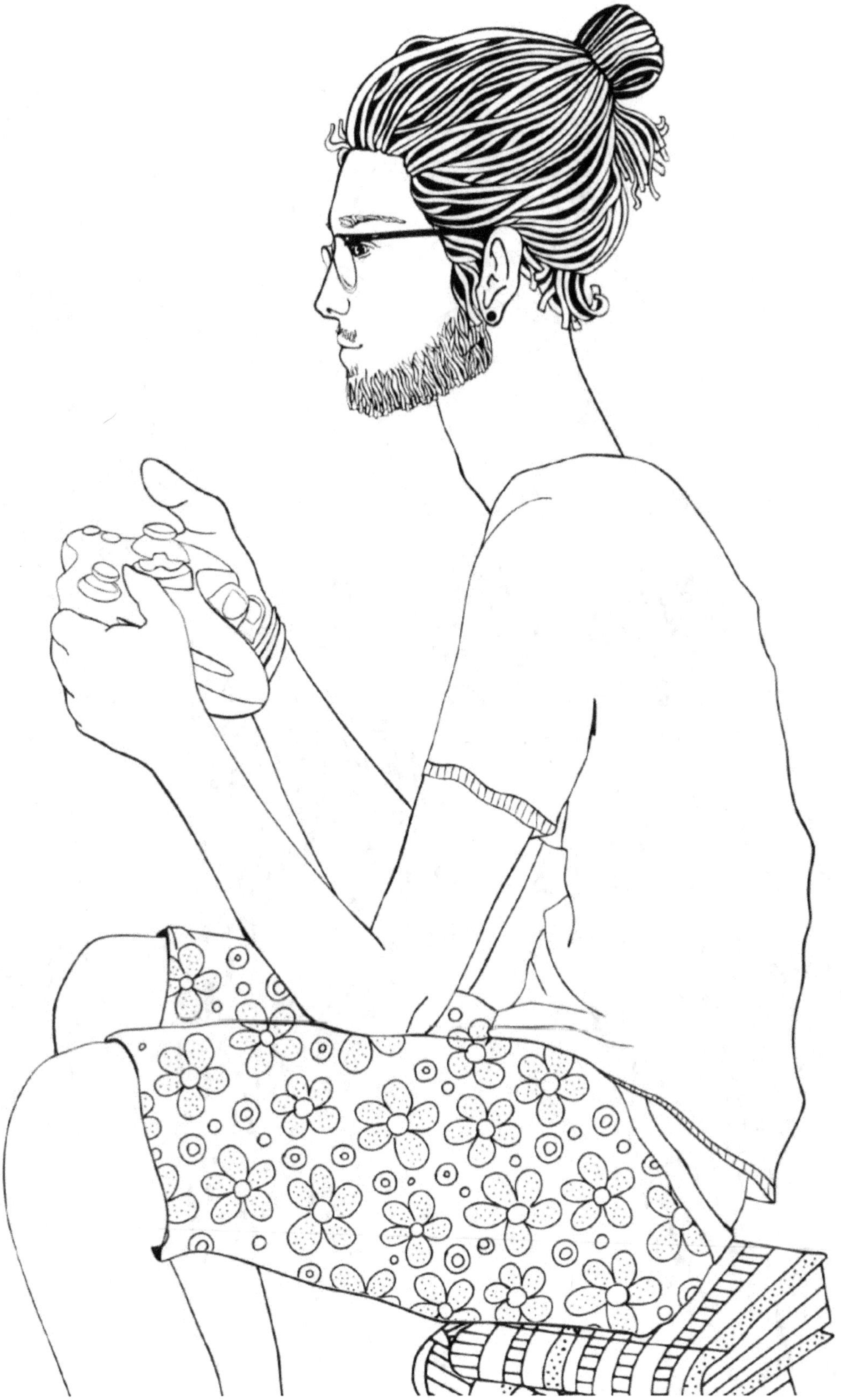

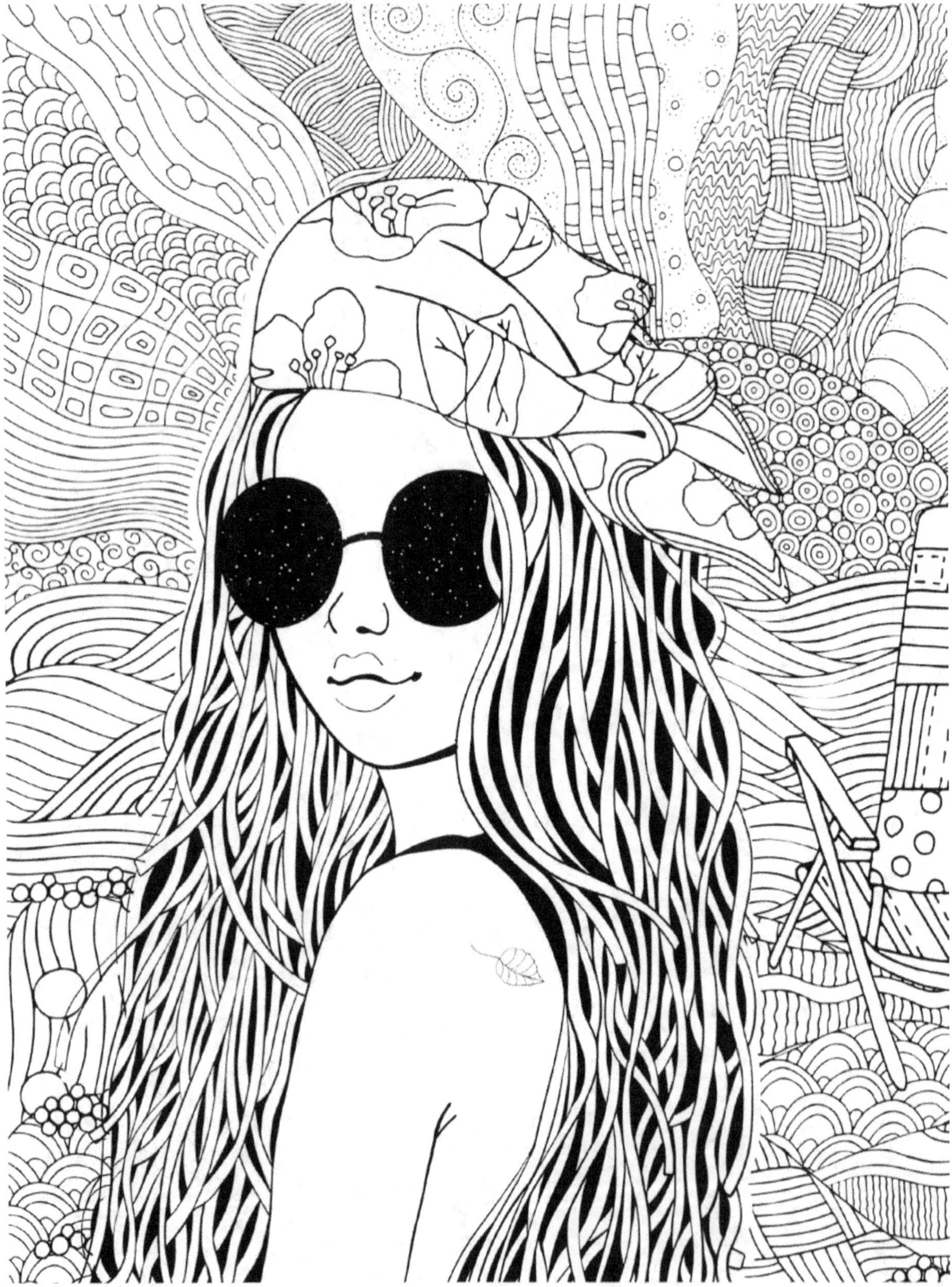

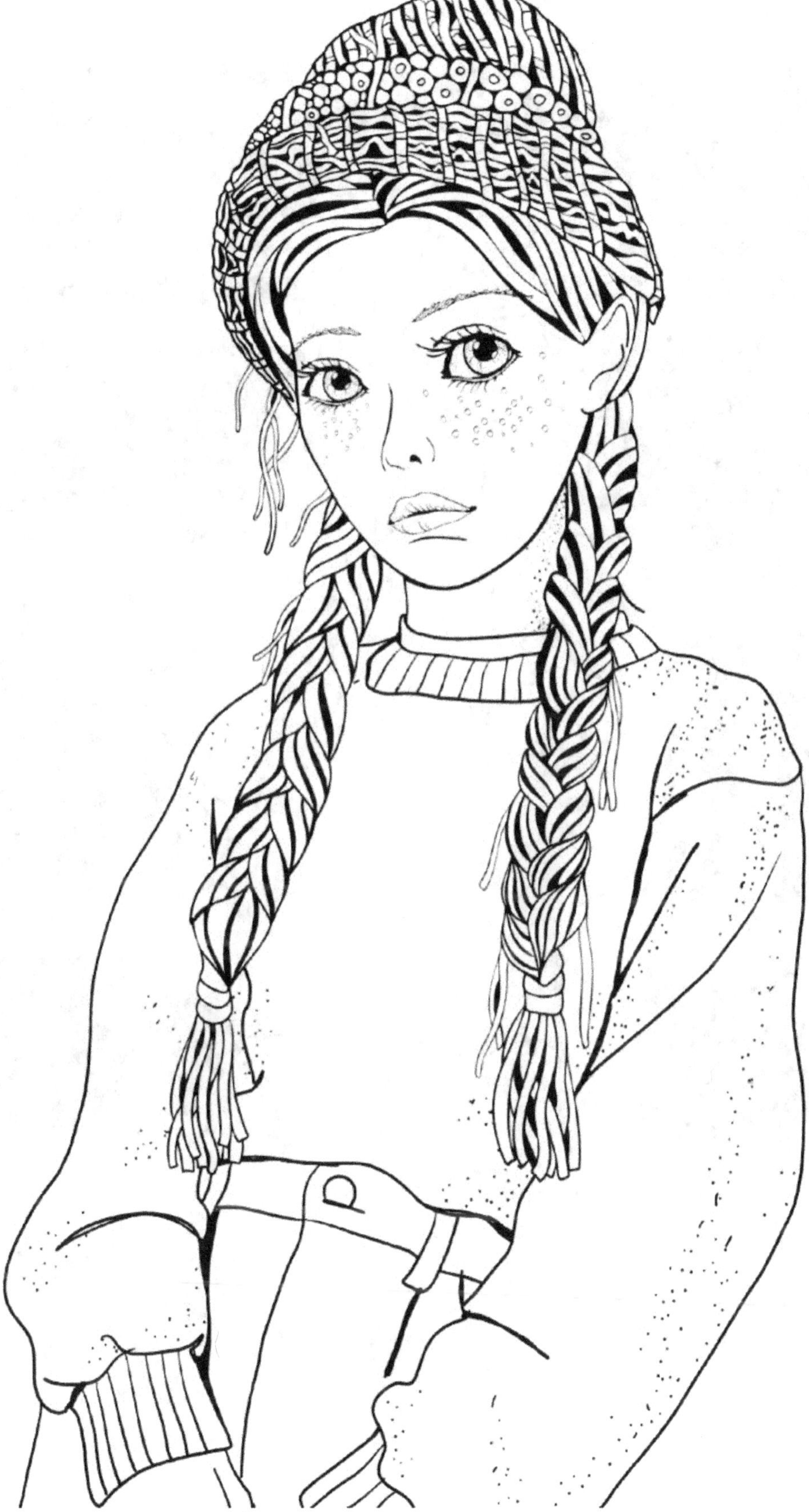

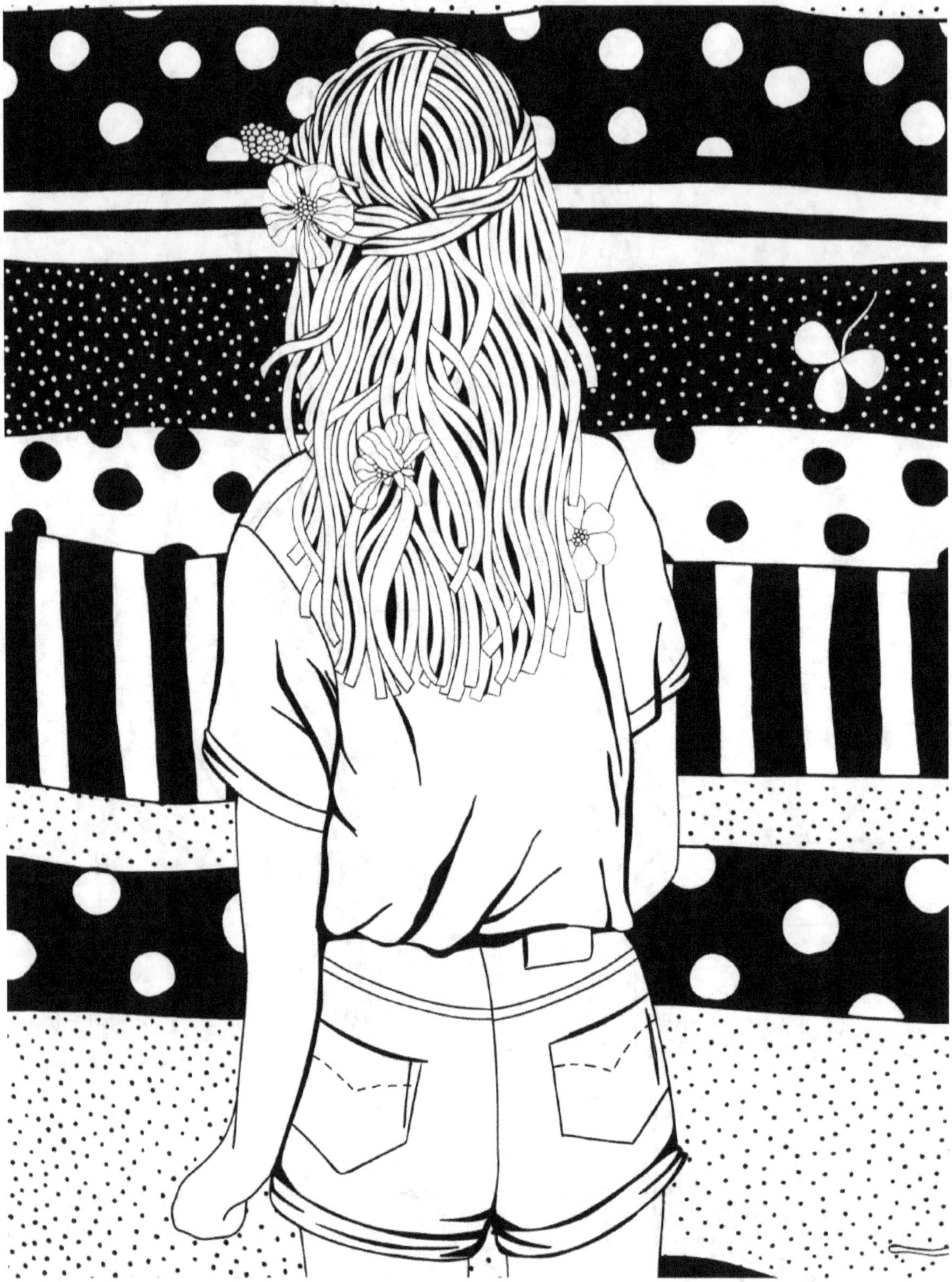

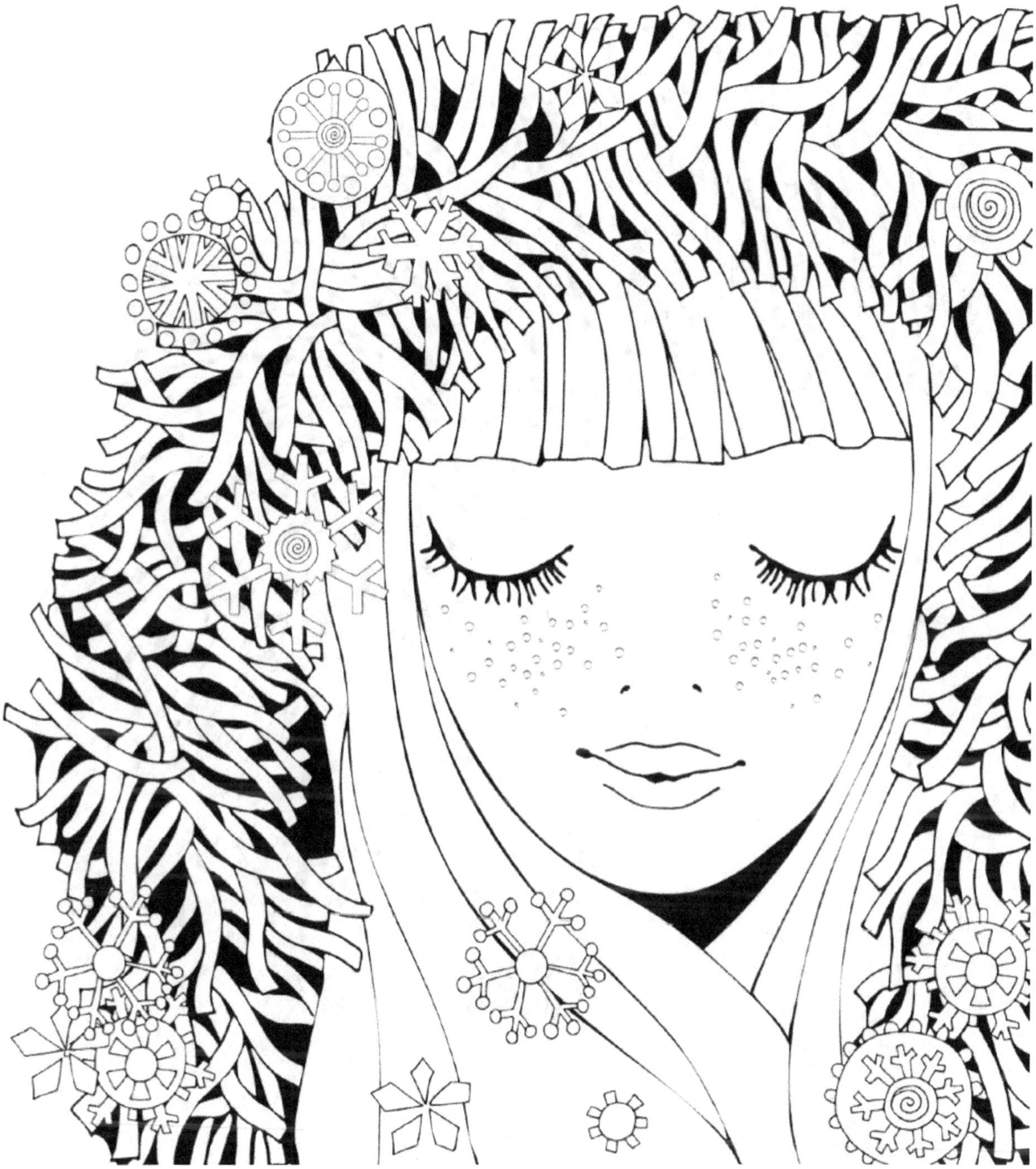

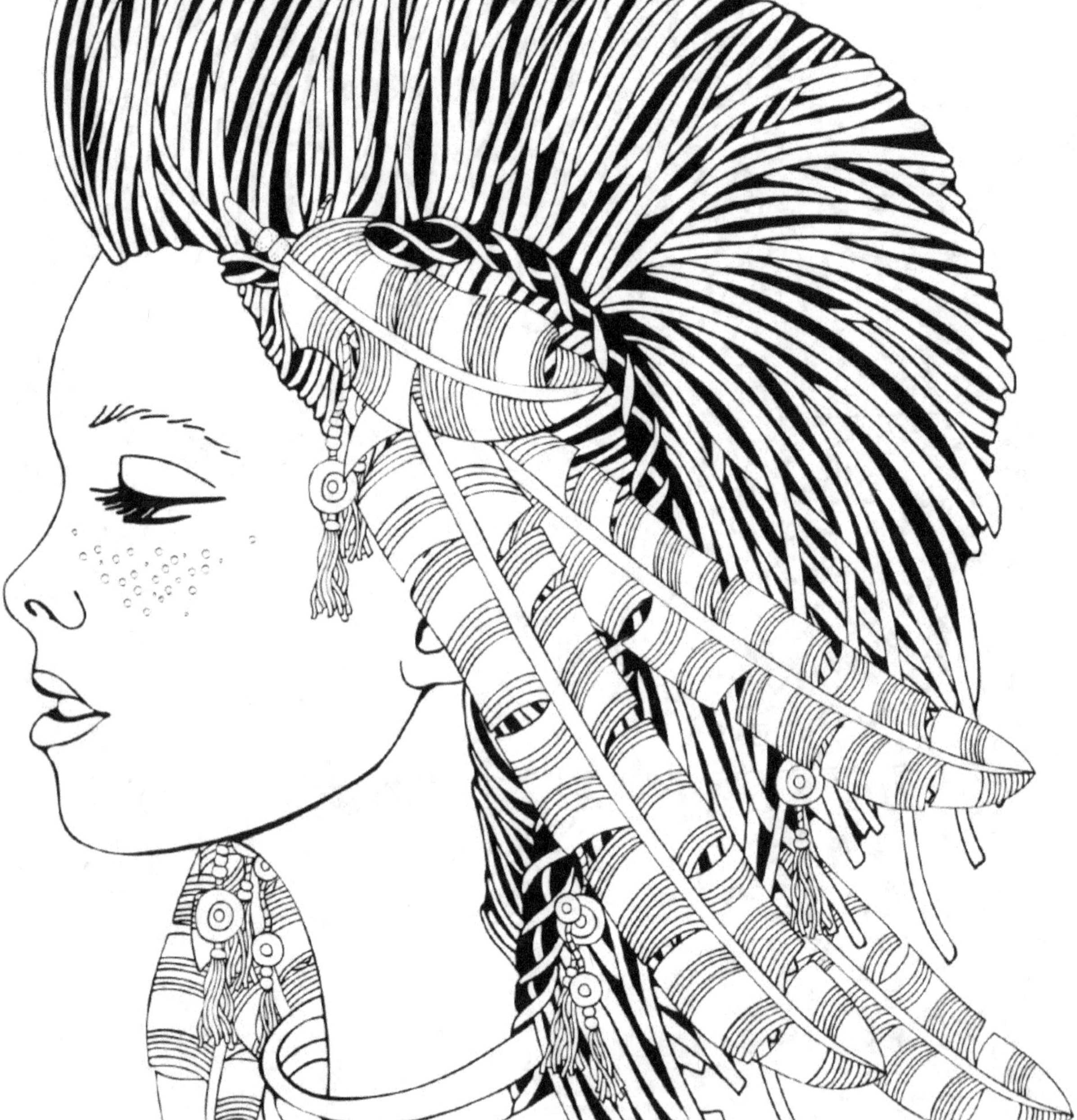

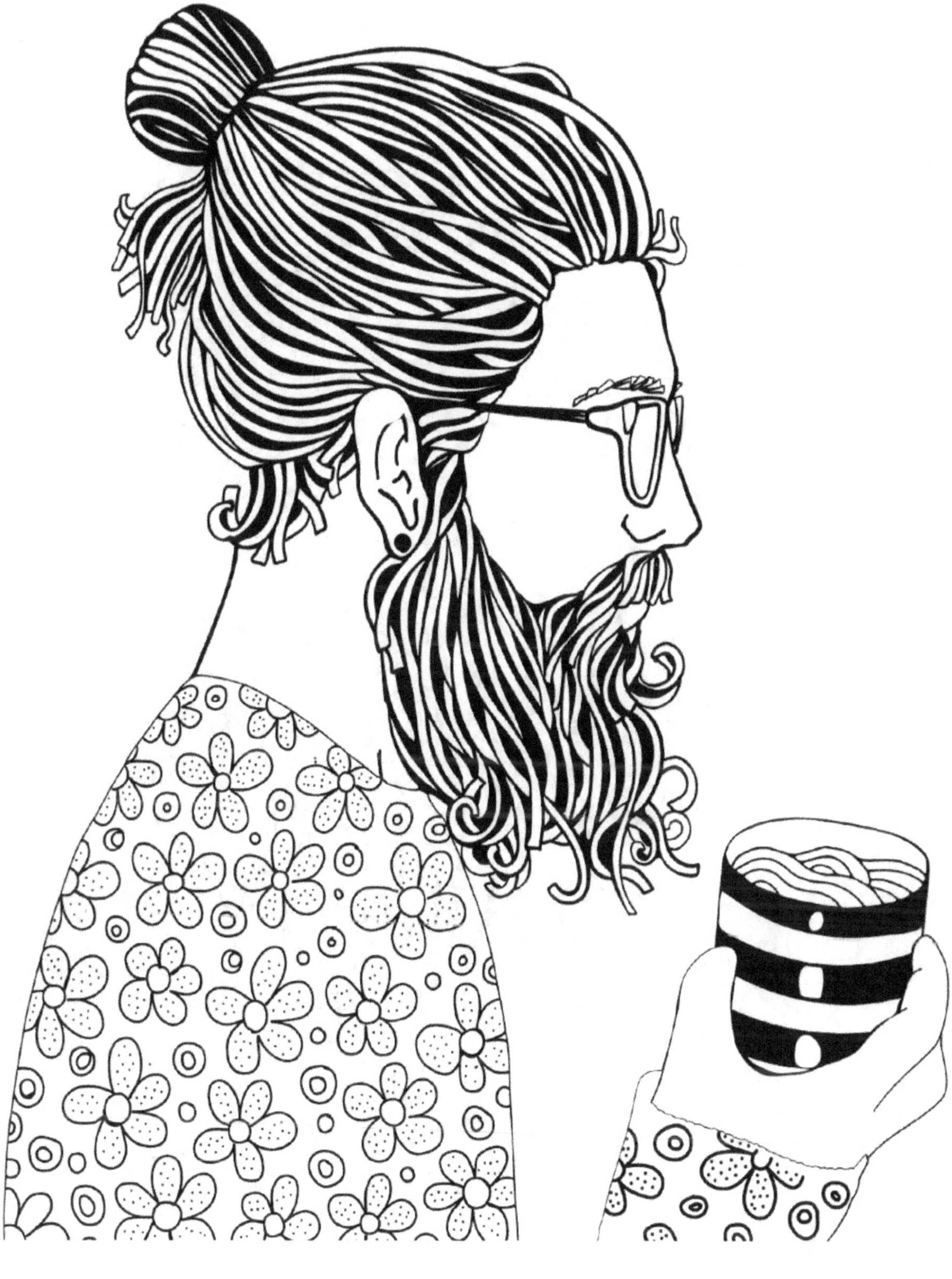

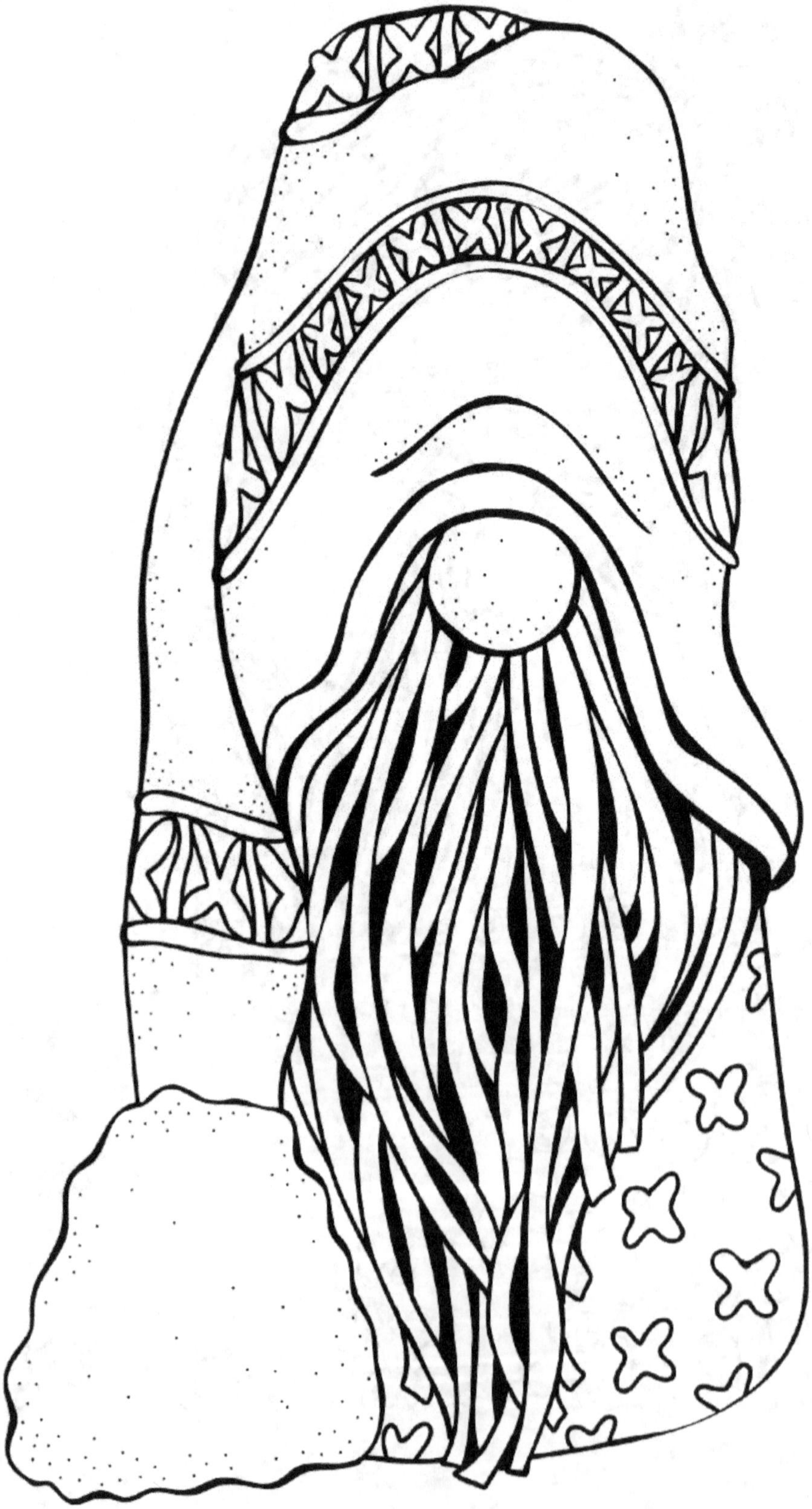

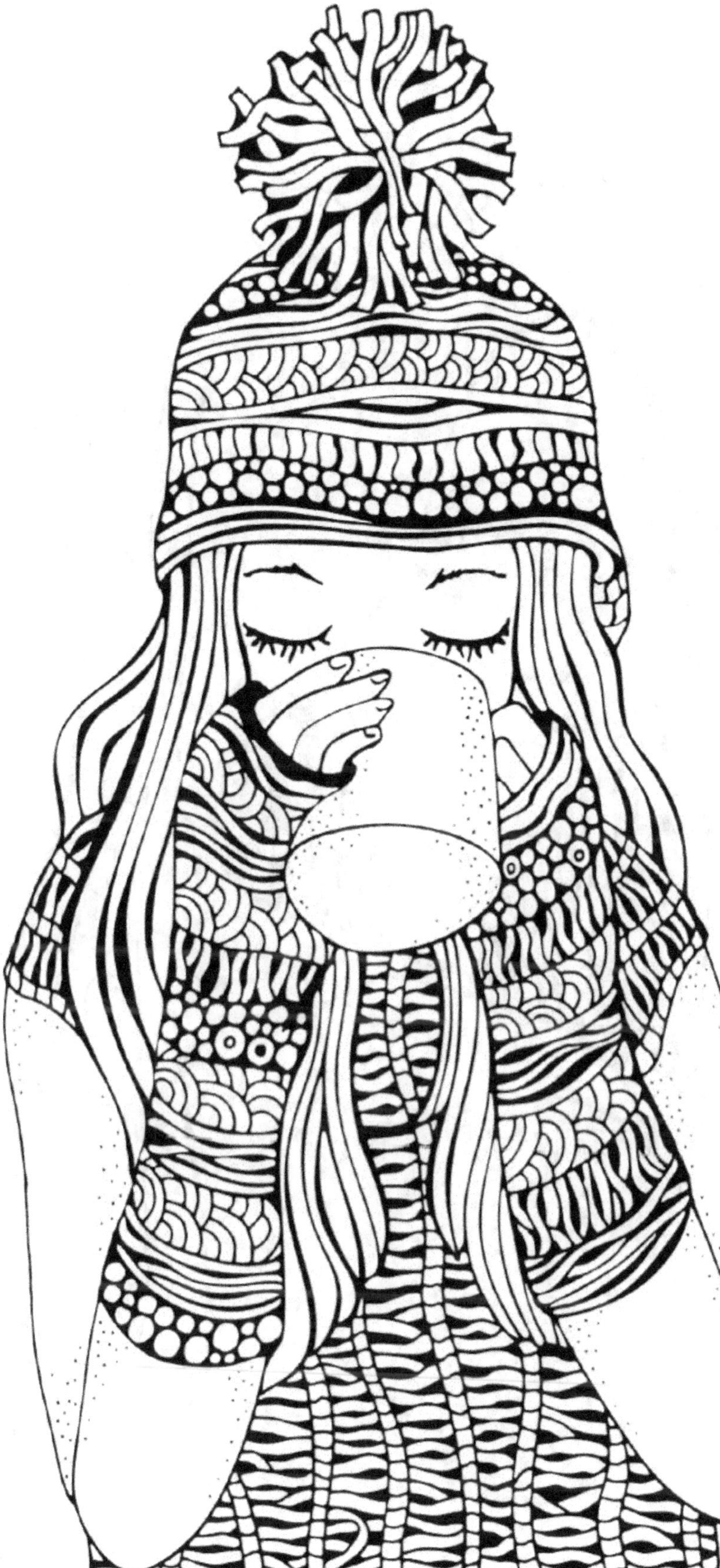

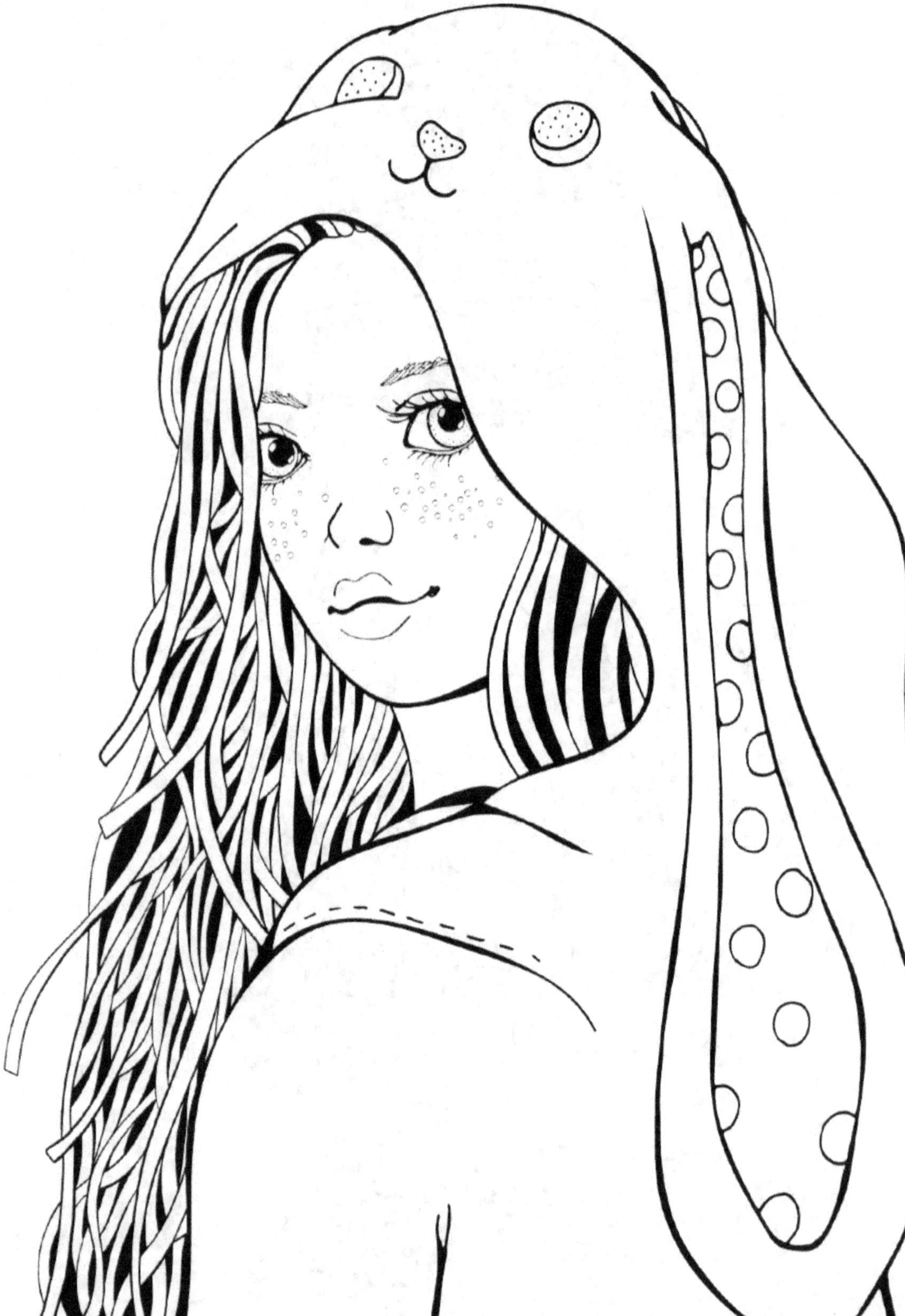

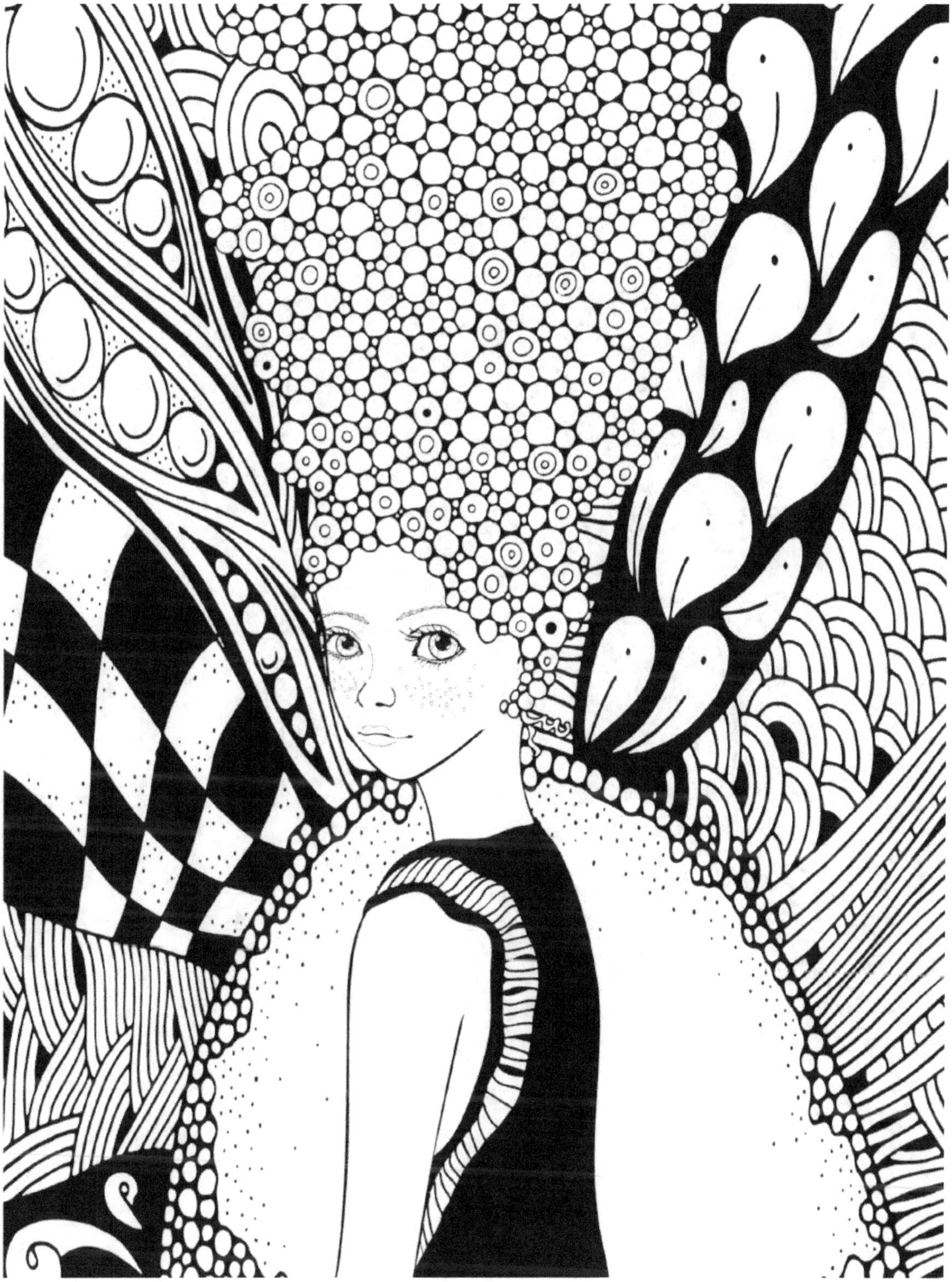

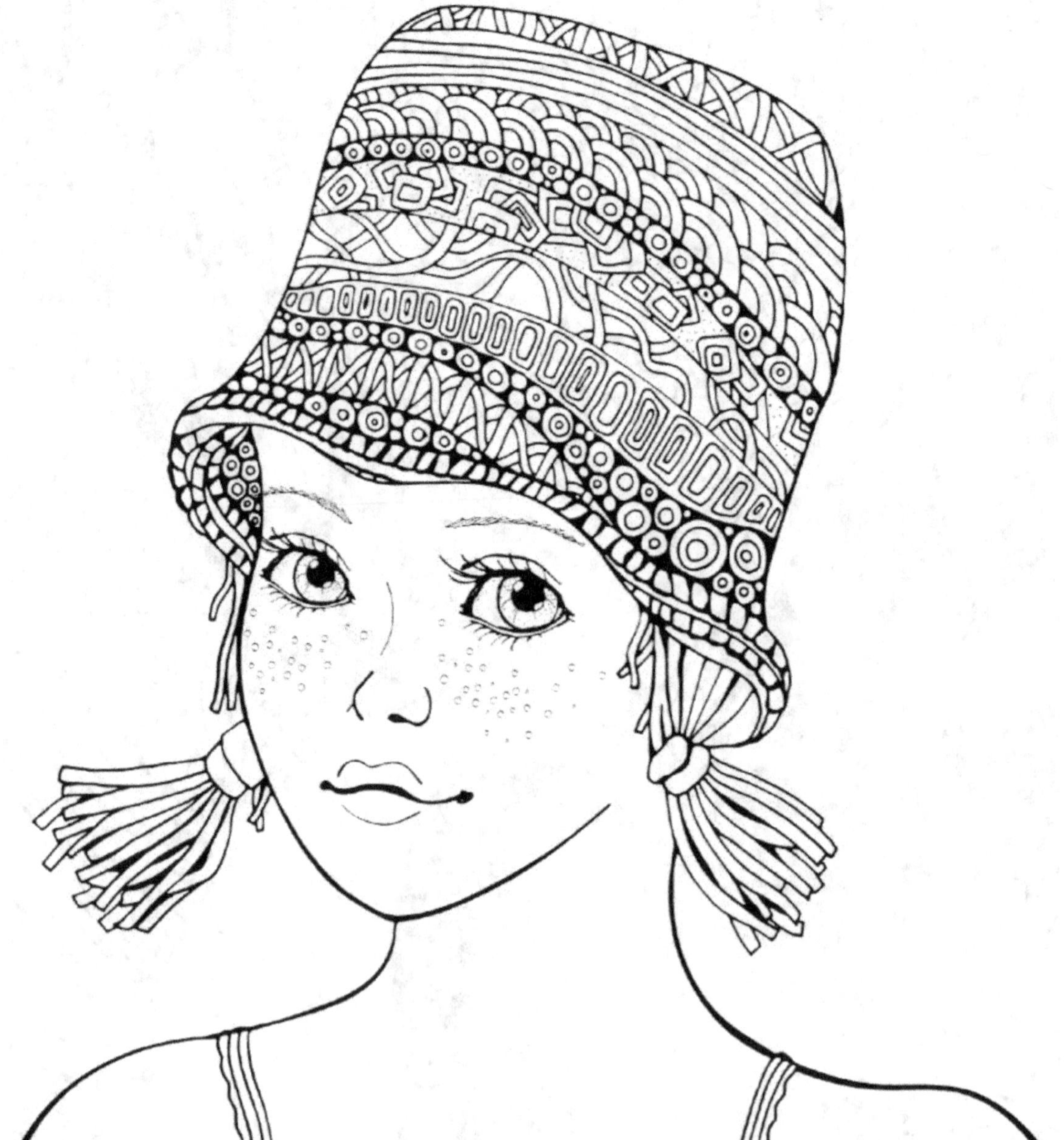

www.ingramcontent.com/pod-product-compliance
Lightning Source LLC
Chambersburg PA
CBHW082223220526
45470CB00010B/3283
* 9 7 9 8 3 2 6 8 6 0 7 8 1 *